シュタイナー幼稚園の遊びと手仕事

生きる力を育む7歳までの教育

フライヤ・ヤフケ 著
高橋弘子 監訳
井手芳弘 訳

Freya Jaffke

Spielen und arbeiten im Waldorfkindergarten

© 1991 Verlag Freies Geistesleben
& Urachhaus GmbH, Stuttgart
Einbandfoto : Charlotte Fischer, Bexbach

Japanese translation rights arranged with
Verlag Freies Geistesleben & Urachhaus GmbH.

シュタイナー幼稚園の遊びと手仕事
生きる力を育む7歳までの教育

目 次

はじめに	7
幼児期の成長段階	8
シュタイナー幼稚園での生活と活動	20
シュタイナー幼稚園での手仕事	30
幼稚園の活動は、どうすれば生きる力を育む保護の覆いになるか	34
手本と模倣がどのように意志を育てるか	53
注釈	72
写真の出典	73
監訳者あとがき	75

はじめに

　この第一・7年期（誕生から7歳まで：訳注）の子どもの成長と教育に関する文章は、国際シュタイナー幼稚園連盟やそれに関係するところで行った講演をまとめたものです。

　ここに書かれている内容は、ロイトリンゲンにあるシュタイナー幼稚園での数十年にわたる仕事の中での観察と経験から生まれました。幼い子どもたちを育てている親や教育者は、この本を日々の活動のあり方に役立たせることができるでしょう。そして、それぞれの可能性と能力をもった子どもたちのさまざまな本質に目を向けることで、きっと独自のやり方が見つかることでしょう。

　最初の章では、それぞれの年齢における、7歳までの子どもたちの成長段階の全体像を示しています。もし、読者のみなさんが、特に遊びの様子などについて、いくつかを追体験できるならば、幼稚園で行われている日々の活動がどのように形づくられているか、この本の内容から知ることができます。幼い子どもたちが、大人の裁縫を見ることで、どうやって針と糸を自分で使うようになるか、ということをよく質問されるので、このテーマに関しても少し詳しく述べています。

　「一方で成長するための保護と覆いを生み出しながら、他方では子どもの意志の力を最大限に発達させることができるような意識的につくりあげられた環境を、子どもたちがいかに必要としているか」ということに関しては、後半の二つの章に書かれています。

　ここに述べられているすべての経験は、子どもたちと日々かかわっていく中で確信と喜びをもたらしてくれるルドルフ・シュタイナーの人間学をベースにしています。

　　　　　1990年　秋　　　　　フライヤ・ヤフケ

幼児期の成長段階

親と教育者の課題と目標

　子どもを理解しようとするなら、それぞれの成長段階を詳しく見ていく必要があります。その前に、まず、人生の最初の時期に子どもを取り巻いている環境の全体像を見てみましょう。

　子どもが誕生する場合には、まず三つの流れがいっしょにならなければなりません。

　両親からは肉体の遺伝的な二つの流れがやってきます。その流れと魂的-精神的な存在、つまり一人の人間の個性が結びつきます。

　外見上は完成されていますが、この肉体には不完全なところがたくさんあります。どの内臓器官もまだその特徴的なフォルムに形づくられていません。体の動きに関しても、まだ大雑把で、混沌とした無意識的な動きが見られます。また、神経-感覚器官の領域は大きく開かれています。

　子どもの課題は、これからの6～7年間で自分の体を内側からつくりあげ、学齢期までに細部にわたるまで形成することです。つまり「身体の器官の形成が完全に終わり成長力だけが残ったときに、身体を役に立つ道具として使えるようにする」のです。それからさらに成長が進んだときに、それまで身体と結びついていた魂的-精神的な個性が、その身体になるべく妨害されることなく、外へ向かって完全に開くことができるようにならなければなりません。

　私たちは、この個性が身体と結びつくことをどのように見てとれるでしょうか。

　活動への飽くなき意志をもつ幼い子どもが、無意識的なぎこちない動きをどうやって徐々に整理された動きにしていくのか、直立の姿勢を獲得して歩くことを学ぶ中で、どうやって自分と世界をバランスのとれた関係の中に置けるようになるかに、私たちは気づかされます。幼い子どもたちがどのようにして世界共通の赤ちゃん言葉から自分の周囲の正確な言葉の響きの中へ、より強く、よりはっきりとした形で順応していくのか観察することができます。そして、たどたどしくてぎこちない動きがどのようにしてしだいに繊細で無駄のない行いに変わっていくのかも見て取れます。

　この成長過程の中で体の中に入りこみ、自分自身を身体へ適応させようと努力している個性に目を向けていきましょう。内側で働くこの形づくろうとする動きは、周囲から印象としてやってくるものととても密接

な関係にあります。

　幼い子どもは自分の身のまわりの環境に無防備な状態でさらされています。あたかも身体全体が一つの感覚器官であるかのようにふるまいます。自分を無にして、外の世界を内の世界と結びつけようとしています。このことは、目という存在の中に見てとることができます。目自体がものを見ているのではなく、見えるものをただ媒体として透過させているにすぎません。私たちという存在が目を使ってものを見ているのです。同じように子どもの身体も、個性、つまり人間の中の精神的-魂的存在の感覚器官なのです。

　感覚を通してやってくる外界からの印象と「内側から外側に向けての働きかけである内臓器官の形成」とのあいだに見られる相互作用は、健康な子どもが生まれながらに携えている模倣という行為のすばらしい力の中に見ることができます。知覚された事がらはすべて深く受けとめられ、意志でつかみ取られ、こだまのようにふたたび行為として外に出されます。

この事実から、親と教育者にとって重要な二つの仕事が生じてきます。一つは"子どもを保護する姿勢"です。可能な限り、周りから子どもにやって来る印象を注意深く選択することです。
　家庭の朗らかさや普通の会話や歌だけでも、すでに良い環境となります。でも、騒音や争いは良くありません。ラジオ、テレビ、カセットなどの機械的な伝達手段からは絶対に守らなければいけません。子どもを落ち着かせる効果を狙った子どもっぽい花柄や動物などが描かれた布、もしくはカーペットよりも、淡い色合いの無地のゆりかごの天蓋や子ども部屋の壁のほうが勧められます。もし、どうしても雑踏の中を通らなければならないときは、子どもの視線を母親に向けつづけられるように注意し、視覚的に刺激の強いものや雑踏の騒々しさからそらすように心がけなければなりません。
　二つ目の大切な仕事は、子どもたちを日々の暮らしの中へ少しずつ引き入れること、生活の中で生きることを学ばせることです。これをするには、思慮深い教えこみよりも、子どもが生まれながらにもっている模倣の能力に注目していくほうがうまくいきます。私たちが大人として、行為を通して子どもたちに衝動を起こさせる人間的な良い"模範"になるように努力するこ

もちろん大人たちの掃除も
模倣されます。

とが前提となります。なぜなら、私たちは、模倣を子どもたちにもたらすことはできないからです。模倣とは意志的なもので、子ども自身の意志によって獲得されなければなりません。しかし、家の中や庭でどのように仕事をするか、ほかの人たちとどのように話すか、ほかの人の世話をどのようにするか、環境をどのように形づくり育むかなど、自分自身の行為を私たちは意識的に行うことができます。これらのすべてを、子どもは身体を形づくる過程で深く受け取るのです。意味がある行為であろうとなかろうと、どの教育のプロセスの中でもその子の生活の代表者である私たちに子どもは行為を通して従います。

　この子どもの模倣の行為は、生まれてから6〜7歳までのあいだに三つのまったく違う段階を経ていきます。これは、頭部の領域に始まり足のつま先に至るまでの身体全体を形づくる、身体器官の形成力とかかわりがあります。その力は身体全体に働きかけていますが、誕生から2歳半までのあいだは、感覚 - 神経器官の形成に使われます。

　この時期に子どもたちは人間としてもっとも大切な

三つの能力を身につけます。重力に逆らって立ち上がること、歩くこと、考えるための前提となる言葉を話すことです。子どもたちは、これらの能力のすべてを模倣だけから学んでいきます。実際に過去に起こった悲惨な事例は、動物の中だけで育つと、子どもはこれらの人間的な能力を獲得できないということを示しています。このことは、人間性が人間を通してしか学べないことを物語っています。

はいはいの時期から
子どもの自我意識が目覚める反抗期まで

　この人生最初の時期の子どもたちは、どのようなことをするでしょうか？
　はいはいしたり歩いて動きまわったりできるようになると、子どもたちは家の中の身近なものに興味を持ちはじめ、周りの手を焼かせます。母親のあとを付いてまわり、母親のやることすべてをやりたがります。
　ニコニコしながら鍋や蓋やスプーンをガチャガチャ鳴らし、それを流しの水の中に入れ、取り出してはまた水の中に入れて辺りをびしょ濡れにしたり、ほうきでごみを集めるというよりは撒き散らしたり、決められた場所へきちんと置かれたものを別の場所へ積み替えたり、すべて「ハンスも！」「ぼくも！」のモットーのもとに行われます。自分で体を動かしたり、なるべく本物の道具を使ったりすることにとても喜んで取り組みますが、大人の仕事の意味や目的については何も考えていません。もちろん大人にとっては、自分の仕

事が遅くなってしまいます。このような"手伝いの意志をもった存在"がいなければ、仕事はもっと早く片付けられるでしょう。

　しかし、このような存在を受け入れることはある意味正しいことです。なぜなら大人は、家事や庭仕事や手仕事をするだけでなく、教育の仕事もしなければならないからです。このことは、今の教育において、もっと考慮されなければならないことです。

　周りにあるものを衝動的に手に取ること以外に、たとえばリンゴの皮をむいたり針仕事をしている母親のそばで子どもが安心しきって、じっとたたずんでいる瞬間があります。また、かごにものをいっぱい詰めたり空っぽにしたり、塔をつくったり壊したり、歌を口ずさみながら人形の乳母車を押してみたりして、遊びコーナーで熱心に遊んでいることがあります。

　このころの子どもたちの遊びに使う素材には、とても注意を向ける必要があります。自然の中から採ってきたものや、それを少し加工したものがベストです。*1 これらのものたちと触れ合うことで、子どもたちは自然がつくり出した有機的な形の印象を受け取り、内臓器官を活発に形づくっていきます。「死んだ幾何学的な形をしているおもちゃは、子どもの身体の形成力を荒廃させ、弱らせていきます」*2

自然素材のおもちゃは、子どもの器官の形成力を強める働きがあります。

　反抗期に初めて自我意識に目覚めたとき、子どもは一つ目の危機を体験します。自分の意志をしだいに意識するようになりますが、同時に周囲の意志とのあいだに調和をもたらすことも学ばなければなりません。それまでは、いつも「ぼくも」だったのが、今や、「ぼくはいやだ！」になります。

3歳から5歳まで：
ファンタジーと自発的な遊びの形成

　さて、第二期にあたる3歳から5歳までの時期を見てみましょう。それまで主に頭の領域で働いていた生命力と形成力は、第二期では心臓や肺などのリズムの臓器がある身体の真ん中の領域に働きかけます。

　周りとの新たなかかわりを示すかのように、この時期の子どもたちには、まったく新たな二つの能力が養われます。その能力は、子ども特有のファンタジーと子ども特有の記憶力です。

　健全に成長している子どもが遊ぶときの様子を、いくつか例を挙げて紹介します。

　4歳の子どもが、短く切られた太い枝をいくつか机の上に置いて、私に尋ねます。「ソーダ水にしますか、ビールですか、それともリンゴジュースですか？」

　4歳の別の女の子は、木の皮の上に二つの石を載せて、「航海士のいる船よ」と言います。それを持って私の机のところへやってくると、「ねえ、チョコレートを持ってきてあげたんだけど、食べる？」と言って、私の前に石を置きます。木の皮はそのあと、小人の小さな家の屋根に変わりました。

　ある腰掛けは、まず人形のかまどになり、次に横倒

自然素材を使って、川に舟が浮かんでいる風景ができました。

しで家畜のえさ入れとなり、ひっくり返して人形のベッド、そして、列車の一部になりました。

　これらの例は、この年代の子どもたちが、自分の身のまわりのものを変化させ、必要とあらば、本来の目的とはまったく違う用途に使い、ファンタジーの力の手助けで新たなものにしてしまうことができる、ということを物語っています。

　子どもは、少し離れたところからあるものを見たと

子ども部屋の様子：地面に建物を建てています。
後ろにはお医者さんの診察室があります。

きに何かを思い出したように感じ、欠けているところはすべてファンタジーで補います。そうできるためには、子どもはすでにそのようなことを体験しておく必要があります。絵本の中であっても、船をまったく見たことがなければ、遊びの中に再現することはできません。

　この時期の遊びは、外の世界から促しがやってくるというのが特徴です。それゆえ、ファンタジーの力で（完全なものを思い起こしながら）さらに別のものに変えていけるような、ただ眺めているだけでなく働きかけが必要な、何にでも見立てることができるようなもの、完成されていないもの、もしくは自然で単純なものが周りに必要です。内的な活動が行われるかどうかが大切なのです。ルドルフ・シュタイナーは、「自分に適した運動を与えられることで、子どもたちの手の筋肉が強くなるように、周りから正しい印象を受け取ることで、脳と身体の器官が正しい方向に向けられます」と語っています。[*3]

　そのほかに特徴的なことは、遊びが変化に富んでいることです。その遊びは模倣された日々の出来事で、たいてい、なんの脈絡もなく、とっさに変わっていきます。子どもたちは休みなく、次から次へ新たなことを思いついていきます。

　その様子を見て、子どもたちは集中して遊べないのではないかと驚きの声をあげ、考えてしまう大人たちがいるかもしれません。しかし、このころの子どもたちの集中力とは、3歳から5歳までに特徴的に見られるこのような遊びの継続性にあります。もちろんこの遊びの最中に、混乱や時として混沌状況が訪れることがあります。けれども、これはいつでも遊びを活性化させていくもので、有意義な混沌と見ることができます。

5歳を過ぎると子どもたちの遊びは自ずと変わってきます。もちろん、適度な遊びの時間のあとに、後片付けの時間も十分にとる必要があります。大人自らが手本となるようにその後片付けに参加することで、しっかりした喜ばしい習慣になるようにします。後片付けが、場当たり的な指示によって、子ども一人で背負わなければならないような、克服できない重荷にならないようにしてください。

5歳から6歳まで：
イメージと計画的な遊び

　第一・7年期の中で三つ目の大きな変化が5歳ごろに始まります。血液循環器官の形成力が自由になり、その力は四肢や代謝器官の形成に使われるようになります。そのことで、子どもたちは指の先まで器用になっていきます。

　多くの子どもたち、特にとても創造的に遊ぶことのできた子どもたちは、5歳の時期に二度目の危機を体験します。子どもたちは本当の退屈を初めて感じます。彼らはやってくるなり「何していいかわからない」と言います。あたかもファンタジーから見放されたかのように、突然なんの思いつきも浮かばなくなります。ファ

ファンタジーに休息の時間が必要なときは…
台所にはたくさんやることがあります。

ンタジーは今、休息が必要になっています。もはや、今までの楽しい遊びを思い起こさせようと、子どもたちに働きかけるべきではありません。

　むしろ、私たちの仕事を手伝わせることで、ファンタジーを強めることができます。たとえばリンゴの皮むき、洗濯物干し、ほうきで掃く仕事、パン焼き、裁縫などです。しばらくして、あるいは数日後に、子どもたちの中に新しい遊びの衝動が生まれます。何かが変わったのです。遊びのきっかけは、もはや身のまわ

6歳から7歳の子どもは"場の状況をつかむ知性"を使って、重い切り株を階段の上や下へ移動させる。

りのものではなく、より内側からやってくるようになります。このことは、子どもが内面の像、つまり、心に残った出来事のイメージをもつようになったということであり、子どもたちは、場所や時間やそこにいる人に関係なく、遊びの中にそのイメージを取り入れることができます。

　5歳から6歳の子どもたちは、いっしょにしゃがみこんでおしゃべりをし、遊びの計画を練るのが好きです。たとえば、子どもたちはレストランをつくり、布を折ってナプキンをつくったり、メニューをつくったり、財布をつくったりします。セルフサービスのテーブルがつくられ、羊毛の羊が魚として並べられます。バーでは、店員がいくつかの枝がついた木の切り株を前において（彼の"本物のビール樽"です）、注文があれば、そこからどんな飲み物でも注ぐことができます。

　あるときは、お医者さんを開業し、注射器、聴診器、包帯、折った布をグラフ雑誌として並べた待合室をしつらえます。そのほかの典型的な遊びのテーマとして

は、ごみ収集車、非常灯をつけた救急車、学校、木工所、消防署、ケーブルカー、電話交換所、潜水夫、そのほかにも色々あります。遊びはどんどん計画的になってきます。でも、だれかの素敵な思いつきで、遊びが途中で急に変わることはありえます。

　この年齢の子どもたちは、目的に合った完成度の高いおもちゃが必要なわけではなく、いっしょに発展していく遊びの材料となるものが必要です。ものに対するかかわり方が変わったのです。5歳以前の子どもたちがものを目の前にして思いつきが浮かんでくるのに対し、5歳以降の子どもたちは、まずイメージがあり、そのイメージに見合ったものをそこにある対象物の中から探し出し、それを受け入れようとする努力が見られます。ここでは、それまで豊かに展開していたファンタジーが新たな働きをもって現れてきます。

　しかし現代では、子どもたちがそのように自ずから、その発達に応じ、満ち足りた中で熱中して遊ぶということが、もはや当たり前にはできなくなっています。そのことは、子ども自体よりも、むしろ幼児期の初期にすでに始まっているあらゆる領域への強大な影響に原因があります。完成された形をもち、よく考えられた仕組みをもつおもちゃは、一見つまらなく見える自然のもの、布、木の枝などで子どもたちが満足することを阻害するのです。本来、健康な子どもは遊びのプロセスの中心になりたがるもので、完成された、技術的な道具の傍観者にはなりたがりません。熱狂はやがて去り、そのあとに殺伐とした気持ちともっとほしいという欲求がつのります。

　ですから、最も大切な課題の一つは、創造的な遊びのための条件が保証される場を家庭や幼稚園の中につくってあげることです。その中でも特に模倣するのに適する環境が保障されなければなりません。つまり、喜びをもって仕事を行いながら子どもの遊びを傍らで一歩引いて見守っている、賢明な行いをする大人の存在です。思慮深い言葉や遊びに対する助言、もしくは何らかの教えが必要なのではなく、静かで喜びに満ちた創造的な雰囲気が必要なのです。大人が仕事をしている中でも子どもの存在は考慮されていなければならず、その仕事に直接かかわっていなくても、広い意味でそこに子どもの居場所がなければなりません。このことは一見矛盾するように見えます。しかし、子ども部屋に繕い物の入ったかごやアイロン台を持ちこんで仕事をしながら、静けさと興味深さをかもしだしている母親や、庭や納屋や地下室で熱心に仕事をしている父親ならだれでも気がつくことです。いちばん大切なことは、生活をリズミカルに整理された形で秩序づけ、

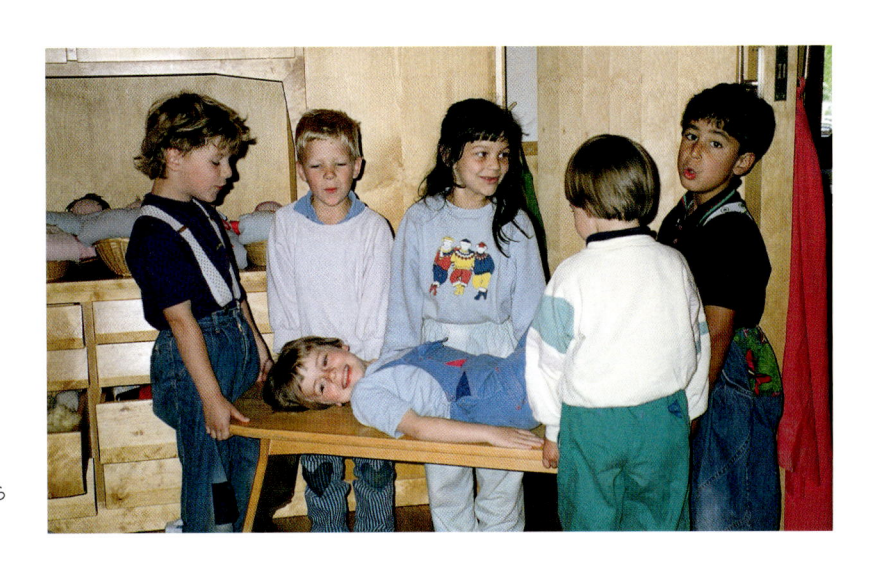

6歳と7歳の運び手が患者を救急車から
病院に運びこんでいます。

　喜んで仕事をし、たいていの仕事を自ら行う用意のある大人たちがいることです。幼い子どもたちは模倣者なのです。

　このような努力に対して、言葉では表現されませんが、人生の初期にその後の人生の基礎を形づくりながら満たされた中で遊んでいる子どもたちの存在、というかたちで、報いと感謝が大人たちへやってきます。

　これまでに述べてきた内容を振り返ることで、教育者の抱えている課題が容易に見えてきます。もし私たちがその目標について語るならば、次のようにまとめて言うことができます。

　幼児期の子どもたちにとって最高のことは、それぞれの成長段階を十分に体験し、健全に通過していくことができること、それぞれが自分自身の課題に挑戦することで自分の力を強め、訓練することができること、そして、身体が完全に形づくられ、最初の形態の変化が終わったときに、それまでと同じ喜びと力と学ぶ意欲をもって学校に向かい、そこでそれらの要求が成長しつづけることです。

シュタイナー幼稚園での
生活と活動

　幼稚園での生活は、大家族の中での生活や仕事と似ています。*4 リズムに満ちた時間配分がなされ、秩序だった時間の流れになるように、教育者は努力します。家事や掃除だけでなく、工芸的な作業や芸術的な行為もちょうどいいバランスでそこに組みこまれています。そのほかに、一年のある時期に必要な活動や祭りの準備につながる活動も含まれます。

幼稚園の一日とリズムのある時間配分

　それぞれの活動について実例を挙げながら詳しく述べていく前に、普段の一日の流れについて、時間的な配分も含めて述べていきます。

　私たちのところでは、シュタイナー学校が7：40から始まるため、それに合わせる形で幼稚園を7：30より開いています。幼稚園の職員たちは7：10ごろにやってきて短いミーティングをいっしょにします。そして、子どもたちは7：30から8：30のあいだに（それぞれ決まった時間に）やってきます。9：15までが自由遊びの時間です。子どもたちは思い思いに遊びます。彼らは、人形コーナー、積み木コーナー、家づくり、消防車、漁船などの小さなグループになっていっしょに遊びます。

　大人の作業に付き添っている子どもたちもいます。いちばん幼い子どもたちは一人で遊んだり、年長の子どもたちの遊びの輪の中に入れてもらって、お医者さんごっこの患者さんになったり、人形のお誕生日会のゲストになったり、学校ごっこの生徒になったりしていっしょに遊びます。遊びはじめる前に、しばらく大人たちのそばに座っている子どももいます。

　自由遊びが終わりに近づくと、大人たちは自分の作業場所を片付けはじめ、道具類をもとの場所に戻します。作業した場所を掃かなければならないこともあります。こうして全体の後片付けが始まり、子どもたちは年齢に応じて、いろんなやり方でその後片付けに参加します。後片付けの終わりに、子どもたちはみんなトイレに行き手を洗います。終わった子どもたちから

朝食の準備を始め、ランチョンマット、スプーン、花瓶などをテーブルの上にセットしていきます。

　朝食をとる前に、季節にちなんだ出来事を題材にした歌や詩を折りこんだ短いリズム遊びをするために集まります。大人たちは歌ったり話したりしながら、子どもたちが模倣しながらついて来れるような、その歌や踊りに合った厳かで、落ち着いた動きになるように心がけます。*5

　朝食には、そのために事前に準備したものをいっしょに食べます。曜日ごとに食事の内容が決まっていて、繰り返されます。自家製の塩はちみつパン、粟粥、小麦の割挽き粥、ミューズリ（シリアル：訳注）、粒小麦、粗挽きパンです。それにお茶と季節に応じた果物がつきます。

人形コーナーの様子

　食事が終わると11：30ごろまで二回目の自由遊びの時間になります。外に出て遊んだり（砂場、シャベル、バケツ、縄跳び、ボール、一輪車、スコップ、熊手などの道具を選ぶことができます）、肌寒い日や冬の時期には近くの公園に散歩に出かけ、時々、かけっこ、追いかけっこ、声かけ遊びなどをしたりします。*6

　11：40ごろにふたたび後片付けが終わると、子どもたちは靴を履き替えて手を洗い、（何人かは腕に人形を抱いたまま）午前の活動の締めくくりとしてお話コーナーに集まり、メルヘンの語りに耳を傾けます。（同じメルヘンが数日間繰り返し語られます。）

12：00〜13：30のあいだに親は子どもを迎えにきます。（要望に応じて、保育時間が16：00から17：00ごろまである午後のグループをもうける園もあります。）

　この一日の流れを振り返ってみるなら、この流れが二つの大きな"呼吸"に分かれていることに気がつくでしょう。自由遊びの中では、子どもたちは完全に"息を吐きます"。このとき子どもたちは、自分自身の衝動に自由に従っています。それに対して、リズム遊びと朝食は"息を吸いこむ行為"です。つまり、いっしょに行為することに慣れることです。二回目の自由遊びで、ふたたび"息を吐きます"。そして、メルヘンの語りを聞くときにふたたび"息を吸いこみます"。幼い子ども

たちに合わせて"息を吐く行為の時間"が長くとられ、それに対して"息を吸いこむ行為の時間"が短くとられています。

一週間のプランの中には、芸術行為の時間が決まった曜日に組みこまれています。水彩が自由時間の中で、オイリュトミー（シュタイナーが提唱した音や言葉を体の動きを使って表現する芸術行為：訳注）がリズム遊びの時間に、冬の時期には、蜜蝋粘土細工がメルヘンの時間に行われます。土曜日（土曜日が休みの幼稚園では別の日）には、蜜蝋ワックスを塗るために、机や棚を掃除することを習慣にしています。

自由遊びは芸術行為によって中断されてはいけません。自由遊びは与えられた時間いっぱい行われます。ただ、たとえば水彩の日には、子どもはそのために少しの時間を割くことになります。どの時間に描くかは子どもが自分で判断します。

大人がやること、手づくりするもの

少し戻って、幼稚園での日々の生活の中で、大人がやるべき活動に目を向けてみましょう。朝食の準備から始まって、部屋の手入れ（花の手入れ、ほこり取り、季節のコーナーの飾りつけ）、おもちゃの手入れと製作（洗濯、アイロンがけ、修理）、お祭りの準備、などが挙げられます。

おもちゃの手づくりについてですが、おもちゃは、縫ったり、彫ったり、編んだり、小さなかごを籐で編んだりと、ほとんどが手づくりされます。

その場を離れて何度も物を取ってこなくてよいように、大人はまず仕事場で作業の準備をきちんと整えます。例として縫い物（30ページ参照）と木彫りを取りあげ、詳しく見ていきましょう。

木彫り

人形コーナーのスプーンやお皿、人間や動物、列車にして遊べるもの、ローソク立てなどの木彫りは、十分な経験さえあれば、子どもたちがいる前で行える、とても活気を与える作業です。あとで使うことのできるものが日ごとに少しずつ出来上がっていく様を子どもたちは体験します。それらのものが出来上がるまでにどれだけの労力が必要かを子どもたちは無意識に体験し、そのものをまったく違うものとして尊重するようになります。子どもたちは、この作業のもつ勤勉さ、喜び、集中力などを模倣することができます。

作業台は道具棚に近い部屋の中央に移動されます。

のこ、かんな、彫刻刀などでものがつくられていく様を、いく人かの子どもたちが傍で常に驚きの目で眺めながら立っています。木切れは子どもたちにとって大切なものです。それを使って何かを組み立てはじめたり、自分の"工房"で紙やすりをかけてツルツルにしたりします。木屑はトチの実でつくったケーキの飾りになったり、馬のえさや人形のお母さんが料理するための材料として集められたり、といろんなものに使われます。

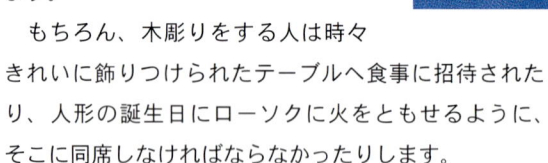

　もちろん、木彫りをする人は時々きれいに飾りつけられたテーブルへ食事に招待されたり、人形の誕生日にローソクに火をともせるように、そこに同席しなければならなかったりします。

　一日一日子どもは作業の成り行きを見守ります。何度となくやってきては出来かけたものを触ってみたり、出来上がってワックスを塗り磨きあげられるようになったときにいっしょになって喜んだりします。

　木の皮や朽ちてぼろぼろの木切れを小さな木の棒で"削り"ながら、子どもたちは、自分なりのやり方で、木を削るまねをします。もちろん本物のナイフを持つことはまだ許されませんが、小さなのこぎりを使うことは許されています。

　このような作業は、一週間から数週間通して行われます。このことは子どもたちにとってとても心地よいことです。毎日登園してくると、昨日と同じ木工作業場の雰囲気が漂っていて、次の日も同じように続いていきます。このことは、子どもの生命感覚に、自分の本質に深く取りこまれて、共に成長することができ、

4歳の子どもが向かい側に座り、とがった木切れと朽ちたぼろぼろの木切れで、木を削っている大人のまねをしています。

生きる上での確かさとなり、静けさを行きわたらせる確かさを与えます。

　ほとんどのおもちゃが大人の手づくりで生み出されていくことを体験することで、子どもたちの中に"自分が必要とするものは自分で生み出すことができる"という生きる姿勢が生まれてきます。また、子どもたちはそんなに気難しくもなくなります。ものの価値を認め敬意を払うことを学びます。子ども自身が創造的になり、器用になっていきます。

　また、幼稚園での大人の活動は大人の特別な能力を育てていくようにもなされていることを指摘しておかなければなりません。このことは、だれもが別の新たな能力を身につけるように努力しなければいけない、ということではありません。それでもなお、それぞれの幼稚園では、ある種の特別な刺繍、木彫り、草木染め、かご編み、もしくはそのほかのいずれかに、作業の重点を置いたほうがよいでしょう。

お祭りをどのように準備するか

　さらに、そのほかの活動領域について話をしたいと思います。それはお祭りの準備です。
　一つは成長し、発達する幼い子どもたち、もう一つ

は季節の移り変わり、この二つが幼稚園で私たちの活動を方向づけていく大きな導き手です。

　幼児たちはまだ周りの環境と結びついていて、周りの環境は子どもたちに影響を与えます。私たちは周りの環境を整えていかなければなりません。そこで、私たちは自分たちの活動のすべてを季節の出来事と密に結びつけて、毎年新たに日々を送ります。

　年長の子どもたちは、お祭りに向けて毎年繰り返し行われていく同じ活動を待ち望んでいます。お祭りの意義や意味、またお祭り自体について語ることは、子どもがさらに大きくなったときのために、とっておかれます。幼い子どもたちは、まず彼らの多様な感覚を使って、行為の中に隠れている意味を受け取り、自分の生命力や成長力に浸透するほどまでに影響を受けていきます。

　収穫祭のある秋の季節について、実例を挙げながら具体的に話していきましょう。

　まず、それぞれの穀物の束を準備します。わらの部分を短く切った穂で収穫祭のリースをつくります。子どもたちは一日中麦わらの上に陣取ります。麦わらの穂を切り取る子どもたち、麦わらの束をつくる子どもたち、短いわらをいくつも差していって長くし釣竿をつくる子たち、穂の花束をつくって大人に結んでもらうように頼む子たちもいます。

　そして、かなりの量の麦わらが束ねられ、冬にバラの枝を結んだり小鳥の家の屋根を新しくしたりするた

ンが焼かれます。

　それと並行して、この時期に秋の季節からの豊かな贈り物である宝物の数々が集められ、持ちこまれます。落ちたリンゴを拾ってきて、煮てムースをつくったり、リンゴのリングを干したり、ハーブを乾燥させたりします。散歩道では、どんぐり、トチの実、バラの実、ブナの実、紅葉した葉っぱなどを見つけてきます。

麦の殻を吹き飛ばしています。

収穫祭

めに取り置きされます。残りの麦わらは大歓声に包まれながら焚き火として燃されます。

　それから、小麦の穂を何日もかけて脱穀していきます。麦の粒が選り集められ、手間をかけて石臼で小麦粉に挽かれます。そして、この粉を使って収穫祭のパ

　収穫祭には親も招待されます。子どもたちは、庭で採れた果物や野菜や散歩道で見つけたものなどが入ったかごを持ってきて、収穫祭の飾りつけをしたテーブルの上に置きます。花や穂やローソクで飾られたテーブルの真ん中には、大きなパンの塊（かたまり）が置かれています。

収穫祭のテーブル

　まず、これまでの週にやってきた収穫のライゲン（輪になって、短い詩などに合わせて体を動かす踊り：訳注）をみんなで踊ります。

　それから、そのテーブルを囲んで大きな輪になって座り、ローソクに火をつけ、いつものお祈りの言葉を言うと、次は二番目に焼かれたパンをみんなで分けます。はちみつ塩パンは特によくかんで食べないといけません。静かに座り、みんなでいただきます。

　そのあと、子どもたちは自分のかごからめいめい果物を持ってくると、先生に手渡します。先生はそれを切り分け、子どもたち一人一人に分け与えます。

　ローソクを消したあと、お父さんたちが用意した焼き芋の火のところに駆け寄ります。焼き芋を食べ終わったあと、このお祭りの最後として、子どもたちはいろんな種類の麦の穂が入った収穫祭の麦束をプレゼントとしてもらいます。

　このお祭りは収穫時期のクライマックスです。感謝の気持ちは、すでに準備の週から、暗黙のうちに、意識されることなく、子どもたちのそれぞれのしぐさの中に息づいていました。

　振り返って考えてみると、幼稚園でのすべての活動は、子どもたちが参加できるように準備されていることがわかります。いっしょに手伝ったりまねをしたり、

あるいはだれにも邪魔されることなくその中で自分のやりたいことをやれるのです。

彼らは、包まれ、周りの活動に刺激を受け、とても心地よく感じています。毎年、ほとんど同じ活動内容が繰り返されることで、さまざまな活動を一年の流れの中に組みこんでいけるようになります。子どもたちは毎年成長していくので、同じ作業に対して、まったく新たな関係をもつことになります。

リズムと繰り返し、手本と模倣

まとめとして、次のようなことが言えるかと思います。幼い子どもの教育は、二つのとても重要な観点を基礎に置いています。その一つはリズムと繰り返しです。子どもたちとの活動は、季節の出来事ととても深いかかわりをもっています。教育者は、さまざまなやり方で、生き生きとした四季折々の出来事とより密接な関係をもてるように試みなければなりません。そのことには、自然界で起こる四季の移り変わりのほかに、特にそれぞれの季節の中に深く根ざしたキリスト教のお祭りに対する深い理解が含まれます。

子どもたちは、毎年繰り返してたくさんの活動や体験に導かれます。そこでは思考力を使う質問もされないし、記憶力を使うことも要求されません。そこでは喜びに満ち、確かさをもった創造的な雰囲気を生み出すことがいちばん大切にされます。その雰囲気の中で、無意識のうちに畏敬の念と感謝の気持ちの種が子どもたちの中に蒔かれます。

子どもたちを育てる上での二つ目の大切な観点は、手本と模倣です。子どもたちが小学校に上がるまでは、大人は子どもの手本でなければならないので、日ごろから自己教育に努めることが特に大切になってきます。

普通に育っている子どもたちはみな、大人のやることに強い影響を受け、行為や遊びや態度のきっかけをそこから受け取ります。教育者は仕事をしながら、一人一人の子どもに意識を向けています。どのように模倣するかは子どもたちの自由です。いつでも好きなときに、自分のやり方で大人のところにやってきて、それぞれ自分なりの学びをします。ただ大人がいろんなことに気をつけながら繰り返すだけで、子どもたちは自分の成長のために無意識に探している模倣の対象を見つけます。*7

シュタイナー幼稚園での手仕事

　幼稚園での手仕事について語ることは、喜びに満ちたさまざまな模倣の行為について語ることになります。一般的に子どもの手先を特に器用にさせると思われているようなことを考え出したり、やらせたりする必要はありません。

　たとえば、大人がお祭りに必要なものを自分でつくったり、縫い物をしたり、繕い物をしたり、小さな刺繍をしたりしているのを子どもが見ると、同じ道具と材料を使ってみたいという欲求が子どもの中に自ずと生まれてきます。

　子どもたちにとって、大人が持っているものを持てることほど、うれしいことはありません。ですから、切れ端（布の端切れ、フェルト、革の切れ端、色紙、そのほか）を集めて特別なかごの中に入れておき、子どもたちがいつでも手に取れるようにしておくことは、とても良いやり方です。

　大切なことは、子どもたちが自分の能力、自分のアイデアに従って作業に向かうことができ、まったくなんの束縛も受けない状態に置かれているということです。ですから、ハサミをまだきちんと使えなかったり、針に糸を通せなかったり、玉結びをしなければならないような、自分ひとりではどうすることもできない難しいことが起きたりしたときは、慎重に手伝います。

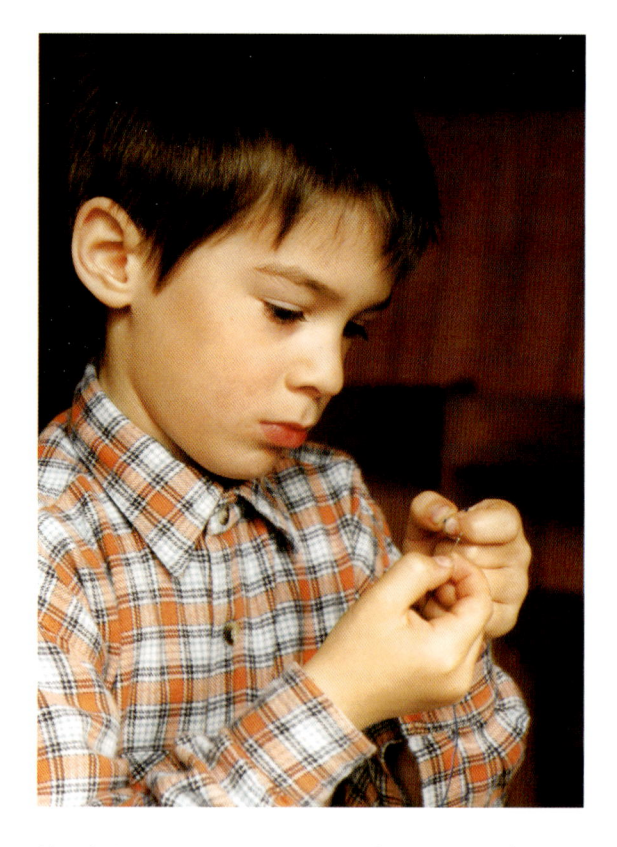

子どもたちにとって、出来上がったものよりも、つくりあげる過程のほうがはるかに大切です。その過程で、外的に与えられた道具を使いこなすことに自分自身の意志を使って没頭し、無意識のうちに器用さの訓練をします。朗らかでアットホームな作業の雰囲気を常に新たに生み出すことができたら、やがて子どもたちは私たちの仲間に加わったり、あるいは、まずはそばで遊んだりするようになり、しばらくたってから、ひょっとすると数日後になるかもしれませんが、模倣しながら大人の作業に参加してきます。

　私たちが幼稚園の活動として選び、行うことのできる日常のわかりやすい多くの仕事の中から、裁縫と編み物について実例を挙げながらお話していきましょう。

　一年のうちに何度か、自由遊びの時間に、先生は仕立て屋さんの作業場を数日間開きます。一つのかごの中には、たとえば簡単な人形やその人形の服を縫うための布やフェルトが入っています。もう一つのかごの中には、ハサミ、針刺し、指ぬき、色糸などが入っています。子どもたちの手に合わせたこれと同じものがすべて与えられることは、子どもたちにとってどんなに幸せなことでしょう。子どもたちはそれぞれの年齢と気質に合ったやり方で、力強く、喜びに満ちた真剣な面持ちでいっしょに作業します。

6歳の女の子が自分で縫った子どもの人形をハンモックの中に寝かせてゆすっています。

31

3〜4歳の子どもたちはよく、子ども用のかごの中から大きめの布を取り出し、唇をしっかりかんだり舌をリズミカルに動かしたりして、いっしょうけんめいハサミで切ろうとします。その子たちには大きな針穴のいちばん長い針で十分です。年長の子どもや大人が通してあげた長い糸を使って、手全体を精一杯使い、布に針を通していきます。あまり何度も通していくので、布がくしゃくしゃの塊（かたまり）のようになっていきます。突然「ぼく、鳥をつくったよ！」という歓声が上がり、そのあと、歌いながらその鳥を手に持って部屋中を飛ばします。

　4歳になったばかりの子どもは、用意された羊毛の小さな塊をでこぼこの布の上に縫いつけました。そして、「この羊さんおうちに持って帰ってもいい？」と尋ねます。その子のお友達はいまだに無言で指に指ぬきをただひたすら差しこんでいます。それからこの保護された人差し指をまっすぐに伸ばし、おもむろに縫いはじめます。

　5歳児は、まったく違ったように作業に向かいます。一人の女の子は小人を縫おうとしています。大人がやっているのを見た通りに、考えながらフェルトの切れ端を選び、それをハサミで切り、天才的な針さばきでフードのところを縫い合わせていきます。綿を詰め、前を縫い合わせると、すぐに二人目の小人にとりかかります。それが出来上がると、二人の小人をズボンのポケットに入れ、身をかがめて、木片や石を使って小人のための洞穴をつくりはじめます。

　ほかの二人の子どもたちは、ボタンの入った小箱からいちばんきれいなボタンを選び出し、布切れにいっしょうけんめい縫いつけます。それができると、先生のところに行き、布の反対の端にボタン穴をつけてくれるように頼みます。そのときに、糸がボタンの穴だけでなく、ボタンの周囲を通って縫いつけられると、ボタンを留めるときにやりにくいということを子どもは経験を通して学びます。元気いっぱいにハサミを使って糸を切ると、もう一度はじめから、今度はきちんとしたやり方でボタンを縫いつけます。

　3〜4歳児の場合には、ただ布をつかみ、それから出来上がったものに子どものファンタジーの力を使って名前をつける、というように裁縫の行為だけが模倣されているのがわかるのに対し、5歳児では目的意識をもって作業が始められているのを見てとれます。それまで豊かに働いていたファンタジーの力を借りながら、自由で、天才的なやり方で模倣の行為へと向かわせていたイメージ力をこの子たちはだんだん使えるようになるのです。

小学校への入学が間近になるころには、子どもたちの手は針に糸を通せるだけでなく、細い針を使ってきちんとした縫い目が縫えるまで器用になっています。もちろんその子たちにとって、正しい仕立て屋が右手の中指に指ぬきをつけるのは当たり前のことです。仕立て屋さんの短い詩を紹介します。

　　　本当の仕立て屋は、
　　　朗らかな勇気をもち、
　　　中指には指ぬきを差している。
　　　　　　　　　　　フライヤ・ヤフケ

　自分用の人形を縫うことのできる大きな白い布をそのような子どもたちに手渡すことは、それぞれの子どものやる気の度合いに応じて、可能性を与えることになります。お下げにして編むことができるような長い髪の毛を丁寧に縫いつけていくかどうか、洗礼用の服、ポケットのついたエプロン、よだれ掛け、ボタンで留めるコートにするか、あるいは、以前に刺繍したおくるみ用の布で十分かどうかなど、すべて子どもたちの判断に任されています。

　いずれにせよ、子どもたちは決してこのことで評価されることはありません。器用さ、根気、全体を把握する力などを訓練できる方法はほかにもたくさんありますが、特に自由遊びの中に多く見られます。

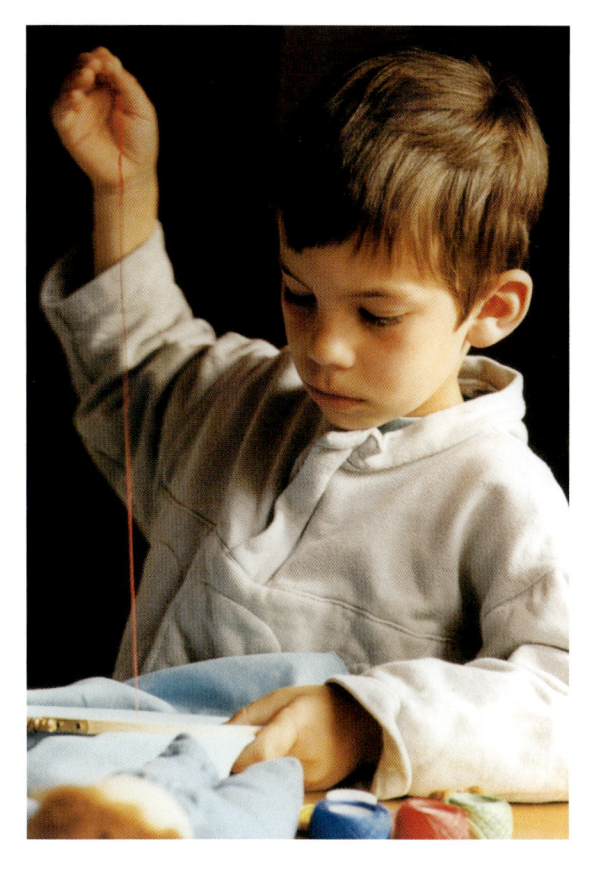

刺繍についてもう一つ付け加えます。自分たちが自由遊びの時間に掛けることのできるエプロンに、先生が一年間のある時期に刺繍しているのを子どもたちは何年も前から見ています。子どもたちは、色糸を通した針を布の上で"散歩させながら"自由にこの刺繍の真似をします。ある子は注意深く色糸を選び、ほかの子たちは適当に糸をつかみます。隣の子の針はほとんど同じところを縫っているのに、ある子は、大きな縫い目で縫っています。このことから、裁縫と刺繍が、たとえば織物などよりずっと自由に造形できることがわかります。

　模倣を通して少しずつ獲得された道具の正しい使い方は、子どもたちを正常で有意義な日常の活動に導きます。この年齢の子どもたちにこのことが獲得されるかどうかは、それぞれの子どもがもっている意志の力、模倣する能力、それに、とりわけ繰り返しの行為を通して喜びと熱心さに満ちた雰囲気を生み出す大人の能力にかかっています。

幼稚園の活動は、どうすれば生きる力を育む保護の覆いになるか

　幼稚園での日々の活動がどのようにして子どもの生きる力のための保護の覆いになりうるのか？　という問いかけをするなら、保護の覆いの意味や役割についてまず明らかにする必要があります。

　覆いは、一方で保護の役割を果たし、外的なものを押しとどめますが、もう一方では、その内側で何かが育まれ、秩序づけられ、力づけられ、ケアされます。覆いとは、ある意味では周りとの境界線を引くものですが、何かを遮断するものでは決してなく、むしろ内側と外側のかかわりを可能にするものです。生き生きとした覆いができているところではどこでも、この覆いの働きを見ることができます。

　中世の都市を思い起こしてみましょう。その都市は城壁によって取り巻かれていますが、いくつかの門のところでその覆いが途切れています。歩いたり馬に乗ったり馬車に乗ったりして人々がこの門を行き来している姿を見ることができます。門の上や横には塔があ

り、そこには見張りがいて、悪者が行き来していないか見張っています。敵が近づいてこようものならすぐに門を閉めてしまいます。もしくは、幼稚園の敷地を取り巻いている柵や生け垣を思い起こしてみてください。ここにも入り口や裏木戸があり、そこにも"門番"がいるので、そこを越えて、外から簡単に中に入って来ることはできません。この門番とは、身のまわりに起こっているさまざまな出来事の中から、第一・7年期の子どもたちに関する人間学に照らし合わせて、適当だと思うことだけを選択する存在です。

そのほかに覆いとして考えられるものとして、子どもたちの日々の生活や遊びを取り包んでくれる、ドアや窓のついた家、洋服、呼吸をしている皮膚、感覚器を通して外への扉をもった肉体、などが挙げられます。どれをとっても、内側の世界と外の世界との橋渡しの役割をもっています。

でも、一番の覆いは温かみによって生み出されます。このことは、すべての領域の覆いに関していえることです。肉体的な領域では、服と部屋が暖かいように気をつけます。感情的な領域でも「誠実で、自発的な愛情を心がけます。周囲の空間に温かく流れているような愛情は、言葉通りの意味で肉体の器官の形を咲き開かせます」*8 もし私たちが自分たちの思考を聡明さで支配させるならば、もし私たちの考えが物事に即しているならば、そして人間学的な認識に基づいて行為が行われるならば、精神的な領域に温かみの覆いが生まれてきます。ルドルフ・シュタイナーはよく「自分の認識したことを行為に移そうとすること、これこそが愛です」と語っています。

私たちがより温かい覆いをつくろうと試みていくことで（というのも、それは目の前に転がっているものではなく、何度も繰り返し、その都度新たに生み出されなければならないものですから）、子どもが特に3歳になるまでの時期に大きな意味をもち、小学校に入るまで私たちの指導によって育まれなければならない、三つの基本的な徳とのかかわりが生まれてきます。

つまり、3歳までの子どもたちに対して次のようにする必要があるのです。子どもが歩く行為を自分のものにしていく過程に、愛情をもって寄り添うこと。子どもが言葉を学ぶ時期に、誠実さで包みこんであげること。子どもが思考を発達させているときに、明晰さで取り巻いてあげること。*9

これから述べる実例の中で、形を変えた温かみの覆いと三つの徳のことを意識から外さないようにしてください。なぜなら、それらはなくてはならない、いちばん重要なものだからです。

脱穀のときは、一粒の麦粒もなくならないようにします。すべての粒を注意深く集めます。

　幼稚園での実際の日々の活動の中からいくつかの出来事を取りあげて、どのように覆いが生み出されるか、あるいは生み出されえないかを示したいと思います。

　まず私たちの態度、行為、ジェスチャーによって生み出される覆いを考えてみましょう。私はこの覆いを、"活動の覆い"と名づけたいと思います。これには、まず模倣する価値のある環境をつくり出すということが当てはまります。ルドルフ・シュタイナーはそのことに関して、「幼稚園の役目は、日々の生活の中にある仕事の内容を、子どもの遊びの中へ働きかけられるような形に変えてもたらすことです」と語っています。[*10]
"そのような形"にすることにすべてがかかっています。

　それでは、まず周りの環境を育み、清潔に保つ生活の行為に関して三つの例を見ていきましょう。私たちはどうやってその行為を"そのような形"に変えることができるのでしょうか？

身のまわりの世話：
"掃除屋さん"、"アイロンがけ屋さん"、"大掃除"

　毎週土曜日の朝、*11 自由遊びの終わりごろに"掃除屋さん"（担任の先生か助手の先生がなっています）がやってきます。掃除屋さんはいい香りのする床磨きワックスの缶、ワックスがけ用の布と磨きあげ用の布を持っています。おそらく来ることをすでに知らされているか、もう少ししたら来てもいいか尋ねられたのでしょう。子どもたちは小さな棚の上をすでに片付けています。掃除屋さんは、人形の家のドアをノックするか呼び鈴を鳴らします。そして、床磨き用ワックスを丁寧に棚板に塗ると、すぐに、よく働く磨き屋たちを雇い入れて、そのあとを磨かせます。子どもたちが、棚の上にきちんと物を並べているあいだに、掃除屋さんはお隣へ出かけていきます。そうすると、磨き屋たちもいっしょにお店屋さんコーナーや大きなおもちゃ棚などへついていきます。そのことで、同時に後片付けへと導かれ、作業の中で出来上がったお家はその日そのまま壊さずにおくことが許されます。そして、その中で朝食をとることが許されます。

　二つ目の例としてアイロン部屋を見てみましょう。もし私たちが幼稚園の中のアイロンがけ屋さんだとす

暖かい季節には、外で大きい洗濯物を洗うことができます。

ワックスがけされたイスを磨きあげます。

ると何をやりますか？　部屋の中の全体が見渡せる真ん中あたりにアイロンとアイロン台を置くでしょう。洗い上がった洗濯物をきちんと畳んで積み上げるためのテーブルがその隣に置かれます。それからアイロンがけ屋さんは、洗濯かごの中から一枚ずつタオルを取り出し、それに霧吹きをかけると折りたたみ、ロールに丸め、崩れないようにしっかりと積み上げます。それからアイロン台のところへ行くと、ロールを一つ手に取り、台の上に広げ、アイロンをかけて折りたたんでからテーブルの上に置きます。作業からかもしだされる喜びは子どもたちに伝わります。そして、しばらくすると、子どもたちから食べ物や飲み物がどんどんやってきます。アイロンがけ屋さんは子ども部屋の中の静けさの中心となり、その作業と共に、しばし遊びの中心になります。

　三つ目の例として、ふたたび大掃除の作業の様子の一つをお話しましょう。私たちの幼稚園では掃除ばかりしているという印象をもたれなければいいのですが、その日は、イス、腰掛け、ベンチなどを掃除することにしていました。一台のテーブルの上に作業用の板が載せられ、その上に床磨き用ワックスの缶、ワックスがけ用の布と磨きあげ用の布が準備されました。子どもたちは部屋中のイスを押しながら集めてくると、一列に長く並べました。私は、いちばん前にあるイスを取るように子どもたちから頼まれました。そうすると、その"列車"を押すことができるからです。ワックスがけされたイスは、廊下に通じる開け放たれたドアのところに持っていかれ、そこでいっしょうけんめいに磨かれると、また、そこから押して持っていかれました。そしてまた列車になったり、喫茶店や休息用のベンチになったりしました。三人のいちばん幼い子どもたちが、ちょうどこの日にイスで取り囲んでお家をつくっていました。私は子どもたちに言いました。「さあ、あなたたちのイスもきれいにしましょうか、すぐに磨き

たてのイスが戻ってきますからね」子どもたちは「わかったよ」と答えました。そのあとすぐに子どもたちは後ろにあった木工台の上に座り、復活祭の時期なのにクリスマスの歌を熱狂的に歌いはじめました。すべての子どもが掃除に参加していたわけではありません。何人かの子どもたちはコーナーのベンチに腰を下し縫い物をしていました。その隣には6歳の男の子が腰を下し、『私の守護天使よ』の曲を笛で吹くのに没頭していました。人形のコーナーでは誕生日を祝っていました。掃除屋さんの隣には、お隣さんがお家を建てました。

　たとえば縫い物、木彫り、洗濯、料理など、そのほかのどんな活動においても、必要な材料や道具のそろった部屋や作業場が常に準備され、喜びと共に作業が行われます。

　さて、そこで、こう問いかけなければいけません。生活の中の仕事からもたらされ、子どもの活動を通して遊びへと取りこめる形が、これらの例のどこに存在するのだろうか？　そして、この仕事が子どもたちの覆いになるためにはどんな条件が必要なのだろうか？

　私たちは、いつでも子どもたちが簡単に参加できるように仕事をわかりやすく段取りします。年齢に応じて、子どもたちはそれを遊びにすることがあります。彼らは大人の仕事の中に自分の居場所を見つけます。

　私たちは、仕事について事前によく考え、仕事場の後片付けに至るまで、作業を理にかなった流れに組み立てます。

　私たちは、落ち着いて決してあわてず、しかしテキパキと手際よく仕事を進めます。退屈そうにやるのではなく、いつもやる気と喜びをもって作業します。私たちの注意力は作業に集中して向けられるのと同時に、すべての子どもたちが見守られた感じをもてるように部屋の中の出来事にも広く向けられています。

　私たちは、少なくとも数日のあいだ、ある決まった時間に一つの仕事に専念します（もちろん例外もありま

す)。私たちは繰り返し同じ作業を続けます。何かいいことを思いついたり、ほかのことをやりたくなったからといって作業を変えたりはしません。

　これらの内的な自制力から、生活の中の仕事を変化させて、もたらすべき形が生み出されます。これらのすべては静けさを生み出し、遊びに夢中にさせ、覆いをつくり出します。どんなに矛盾しているように見えようと、子どもたちは静けさの中で活動的な状態に置かれ、「それで今日は何をするの？」とか「何をやったらいい？」などと訊きつづけなくても良くなります。

覆いづくりがうまくいかない場合

　同じ活動でありながら、覆いづくりがどううまくいかなかったか、二つの例を使って述べていきます。

　アイロンがけ屋さんは洗濯物を物干し台から外し、「霧吹きは必要ない」と考えました。でも、アイロンを当てながら、洗濯物のしわが完全にとれないことにすぐに気がつきました。彼女は、自分の行為をまったく意識することなく、かごのほうへと身をかがめ、二度ほど洗濯物をつかむと、その中へ霧吹きをしました。彼女はアイロンがけをやりたくないように見えました。

　作業からまったく喜びが消え、周りのことよりも自分のことに専念しているかのような印象を与えました。正しい模倣される環境を子どもたちにつくるために何をしなければならないか、自分のしぐさが周りにどのような影響を与えるかを、彼女は十分に考えてはいませんでした。なるべく短い時間で、たくさんの仕事をこなそうとしか考えていなかったのです。遊んでいる子どもたちとのかかわりは生まれませんでした。

　同じようなことが大掃除でも起こりました。ついたてとイスの掃除を予定していました。私は、花瓶に水をやり終えたあと、電話がかかってきたので少し話をし、何人かの新しく入った子どもたちに挨拶をしたあと、部屋に戻ってみると、二人の先生が子どもたちに気づかれることなく、人形の家の中に腰を下していました。そして、すべてのついたてとイスは作業が終わっていました。私の落胆した様子を彼女たちはまったく理解できませんでした。仕事をきちんとやろうと考え、すばやくできたことが自慢だったのです。しかし、彼女たちは喜びに満ちた作業の雰囲気をつくり出すことができず、遊びのために子どもたちを温めるはずであった形を生み出せませんでした。できるだけ早く作業を終わらせることしか頭になかったのです。しかし、仕事をできるだけ早く、苦労をせず、快適に終わらせることが大切なのではなく、子どもたちが有意義なか

かわりをもって参加できるような、あるいは、まったく束縛されていないのに、温かみがあり、喜びに満ちた行為に取り囲まれているような、全体が見渡せるわかりやすい作業をすることが大切なのです。

　まず私たちが、そして次に母親たちが日々の仕事に興味を持てるようになったら、子どもたちにとって、どんなにすばらしい恵みが与えられることになるでしょう。母親の仕事は常に教育の仕事でもある、という意識はもはやなくなってしまいました。遊び的な気持ちで母親が床に腰を下ろし、子どもたちといっしょに遊んだり絵本を眺めたり、子どもを静かにさせるためにカセットテープを聞かせたりすることは、子どもの生命力のための覆いを強くすることにはなりません。

多動や活動しない子どもに対して何ができるか？

　そう簡単には"覆いに包ませて"くれず、正しい意味での活発さとは違ったものをもち、自分の周囲と何らかの障害のある関係をもっている子どもたちに何をしたらよいでしょうか。その子たちは、とても落ち着きがなかったり、とても破壊的であったり、傍で何もせずに座って、ただ眺めていたりします。多動の子どもは動きの流れを一貫して導きつづけることで、しだいに意義のある動きに向かわせることができます。それは、遊びの中で行うことができます。無気力な子どもに関してはより対処が難しくなります。うまく対処す

に周りとのほんのわずかなかかわりが生まれるように試みることができます。たとえば、「さあ、ほうきをもう一本持ってこようか」とか「羊毛がたくさん詰まった袋がまだ必要ね」とか。また、たとえば、"仕立て屋さん"のために"お店屋さん"から"糸玉"を買ってきてもらったり、お昼ご飯をつくって裁縫部屋へ持っていってもらったり、泣いている人形を裁縫部屋で手当てをするために持ってきてもらったり、何かしら頼むこともできます。もし子どもがそれで体を動かさなかったら、子どもをまたそっとそのままにしておきます。

　時には、長い忍耐強い時間のあとに、突然転機が訪れることがあります。そんな出来事が4歳半の男の子にも訪れました。とても目覚めていて、かなり知的に育てられた一人の子どもがいました。その子はすでに9か月間幼稚園にいましたが、いまだに大人がすることをただ眺めているだけで、一度も遊んだことがありませんでした。ただ、後片付けのときだけは、熱心に取り組んでいました。ある日のこと、私は彫りかけの木彫りを作業台から外すと、そばにある、たまたまその子の座っているベンチに腰を下しました。すると、その子は突然「どうぞ、どうぞ、ぼくの舟に腰を下ろしていてくださいな」と言いました。ほんの少し経って、「もし汚れた洗濯物があったらくださいな。ここにも洗

るためには、細やかな思いやりの気持ちが必要です。外的には、その子をそっとしておき、信頼にあふれ希望に満ちた考えで取り巻いてあげます。その子たちはまず、子どもの集団のよく秩序立てられた新しい生活環境の中で、そして新たな習慣の中で、とても安心でき、居心地よく感じなければなりません。時々、小さな作業の予定を言葉少なく伝えることで、その子たち

濯機がありますから」と続けました。空っぽの大きなかごがその子の傍にありました。これがその子の初めてのファンタジーの表現でした。そして、このことは、それから先2年間にわたって続いた、限りなく豊かで満たされた遊びの時間の始まりでした。

　また、5歳になりかけの男の子は、自分の周りに対する健全な関係を徐々に見出していきました。最初の日、男の子は私をアイロンがけ屋さんとして注意深く観察していました。次の日、私のそばのアイロン台のところに腰を下し、作業にかかわってきました。私がタオルを折りたたむと、その子は開いた手を私に差し出しそのタオルを受け取ると、積み上げられたタオルの上にきちんと載せました。それから、私に巻いたタオルを手渡すと、それが折りたたまれるまで待ちました。三日目になると、アイロン台の向かい側に腰を下し、自分がそれまでに観察した通りに、かごの中から一つずつタオルを取り出しました。いったい何が起こったのでしょうか。その子は、賢明なやり方で周りとのかかわりをもっていったのです。彼は、大げさなほめ言葉をかけられなかったので、できたばかりの関係性を壊されることもなく、自分の行為を意識しませんでした。大人のごく自然な喜びと感謝によって覆いに包まれているように感じたのです。

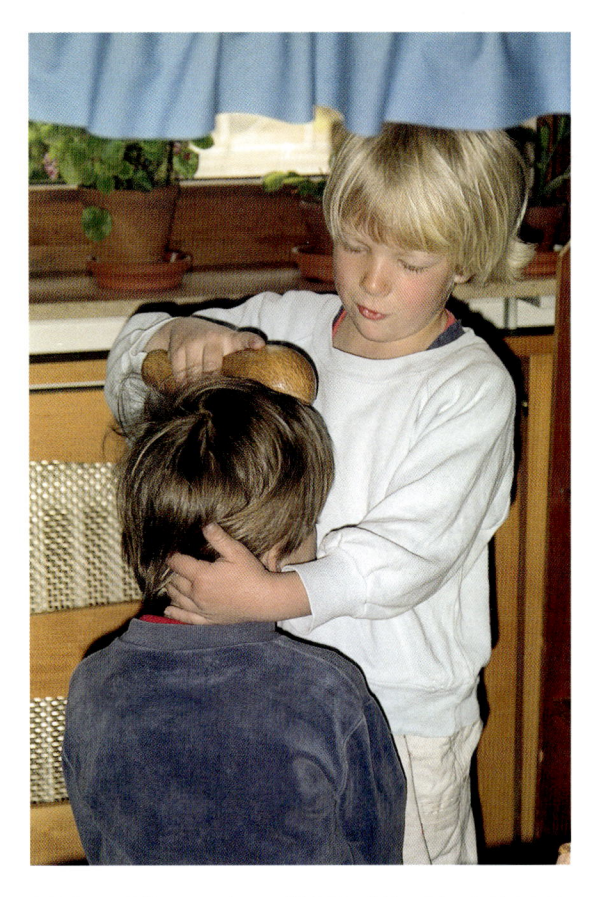

床屋さん。木彫りのスプーンが髪を乾かすドライヤーに早変わりしています。

時間のリズミカルな組み立て、およびその障害に対する取り組み

　時間のリズミカルな組み立てによって生まれる二つ目の"覆い"について、例を挙げてお話します。子どもたちはみな、幼稚園での午前中の時間を二つの大きな"呼吸"として体験します。はじめの大きな"息を吐く時間"は、後片付けと手洗いへの道程を含めた、自由遊びの時間であり、子どもたちはその中で、多かれ少なかれ自分の気持ちに従って行動することができます。それに引き続き、短い"息を吸う時間"であるリズム遊びと朝食の時間があります。そこで子どもたちは、グループで行われることに自分自身を合わせます。二度目の"息を吐く時間"は、朝食後に行われる庭や散歩中での自由遊びの時間です。午前中の終わりにはたいていメルヘンが語られますが、これはふたたび短い"息を吸う時間"になります。

　時間の組み立ては毎日同じです。それは良い習慣となり、覆いとなります。もし、これを勝手に変えると子どもたちにとって大変な障害になるということは、だれもが知っていることです。たとえば、あるお父さんが、仕事がいつもより早く終わったので子どもを早めに迎えにきたとします。そうすると子どもはとても

庭での自由遊び

混乱してしまいます。家に帰ってくると、まだ遊びなさいと言われますが、子どもは帰るとすぐにお昼ご飯を食べるように習慣づけられています。子どもはどうして？と尋ね、その子がわかる説明が必要になります。

　そのような障害は避けることができます。私たちの生活に起こってくるそのほかの例外的な事がらに関しては、どうにかして適応していかなければなりません。たとえば、あるお母さんがドアをノックして、自分の子を幼稚園に入園させようとやってきたときには急い

で面談の日取りを決め、妨害されたくないがために何もせずにただ帰す、ということがないようにします。あるいは、私たちがちょうどやっていたリズム遊びなどが終わるまで、大きな荷物を持ってきた郵便屋さんに料金の支払いを待たせることはできません。そのような妨害はどれほど安定した生活においても規則的な一日の流れの中に起きてきます。けれども普通、子どもは今日行われたことが、昨日も行われていて、明日も行われるということを信頼することができます。

　子どもたちが父なる神の国から生まれてくる前は、こうした秩序と確かさが子どもの魂を取り巻いていました。この地上において子どもたちは誕生前に体験した事がらとつながることができないといけませんし、すでに信頼していたことをふたたび見いださなければなりません。それで、子どもたちが新たな生にスムーズに適応していけるように、私たちの行為の中の何か、あるいは生活の中の何かに、誕生前の世界からの光を反映させていくように私たちは要請されています。

　この"時間の覆い"は同時に"習慣の覆い"になります。私たちが子どもたちに生き生きとした良い習慣を身につけさせればさせるほど、その覆いは確実なものになり、指示する言葉はより少なくてすむようになります。

習慣づけは指示を必要としなくする

　問題が生じやすく、混乱して進みがちな午前中の二つの移り変わりの時間帯のことを例にとって見ましょう。まず、朝食前の自由遊びの時間です。後片付けは、よく考えられていて、たとえば鐘や歌などの音を使った合図ではなく、先生が片付けることで始まります。これも模倣によって行われなければなりません。大人はまず自分の作業スペースを片付け、それからなるべく毎日同じ順序に従って、年長の子どもたちに手伝ってもらいながら、家具をふたたびもとの位置に戻すことで、部屋を大まかに片付けます。そのことで、床の上のものを集めてそれぞれのコーナーに丁寧に並べることができるようになります。そのころには、いちばん幼い子どもたちも後片付けの時間が来たことに気がつき、その子なりに作業に加わります。幼い子たちはやがて手洗い場に行くことを許されます。ほかの子どもたちがそのあとに続き、最後に布の折り手と巻物の解き手が続きます。手洗い場からの帰り道、ドアのところに立っている木の実の配り手からヘーゼルナッツを一つずつもらい、それで子どもたちは自分の場所で"ピンケパンケ…"の遊びをすることができます。さて、子どもたちのやることが出てきました。ランチョンマ

朝のつどい

ットとスプーンを置くことができます。それぞれのテーブルには花瓶が飾られたテーブルセンターが敷かれ、スプーンとボウルがのったサイドテーブルが用意されます。そこで、子どもたちはみな手洗い場から戻り自分の席に腰を下します。担任の先生も腰を下し、もう一度周りを見渡します。そして、立ち上がると、「さあ始めましょう」というような言葉と共にリズム遊びを始めます。遊びが終わり、子どもたちが全員ふたたび腰を下したら、食事を配ります。それから先生も腰を下すと、「さあ準備ができました」と言いながら手を合わせ、みんなが静かになる瞬間を待ちます。そして食前のお祈りをします。

　このように移行の時間を組み立てていくことは、入念で忍耐強い習慣づけの時間を経ることではじめて可能になります。

　最初は子どもたちといっしょに手洗い場に行き、ト

イレの使い方、水や石鹸やタオルの使い方の良い習慣づけをします。先生がいっしょに腰を下すまで、子どもたちはみな洋服かけのそばのベンチに腰を下して待ちます。それから、先生は腕を広げ「私の小鳥さん。巣の中へ飛んでおいで」と言いながら短いライゲンをします。そのあとに、子どもたちがみな朝食のテーブルのまわりの席を見つけたか確かめます。このやり方だと、安心感を与え、覆いを生み出し、今日はだれの横に座りたいとか、座りたくないとか、どのテーブルに座りたいとか、そのような気持ちを起こさせません。

　このような習慣は子どもたちにとってすぐに当たり前のこととなり、この形から上に述べた移行の時間を少し自由な形にしていくことができます。どの場合でも、求められるのは、やることをなるべく簡素な形にすること、生活を可能な限り本当に意味のある活動で組み立てることです。そのことで、適切な時間であろうとなかろうと、いつでも手遊びをしなければいけないというプレッシャーから先生は解放されます。生活に根ざした活動によって導かれる子どもたちはすぐに落ち着き、喜びにあふれた献身的な態度になります。

　午前中の二つ目の移行時間は、庭遊びや散歩からメルヘンへの移行です。夏には、いろんなものが持ちこまれます。靴の中に入った砂を玄関ホールの真ん中に置かれたバケツの中へ入れ、部屋履きに履き替え、手を洗います。そして、人形がほしい子は人形を取り出し、最後の子がやってくるまでお話のコーナーで服を着せたりして遊ぶことが許されます。先生は自分の席に腰を下し、辺りをもう一度見まわして、何人かの子どもたちの鼻をかんであげ、人形の髪にリボンを結んであげます。その際、すでに声を控えめに話をすることで、その場が静けさへ向かうように導きます。そして、「昔々、あるところに…」と話しはじめます。[*12]

　冬には、部屋に入ってくるときに、「まずコート、次に帽子、その次は靴、そして、それらをそっとしておきましょう」などと言葉を唱えながら、いろんなものを脱いでいくように導くことがあります。そうすることで、子どもたちは自分の手を靴に持ってくることができ、靴を足で脱いで振りまわしたりしなくなります。

　私たちが、この時期に良い習慣によって形づくっていくものは一つの形、一つの儀式になり、そのことで覆いになります。もちろん、あまり型にはめすぎないように、どんなときでも窮屈にならないように、お母さんといっしょに過ごすような気持ちで子どもたちが生活していけるよう気をつけなければなりません。そして、私たちは特に人間学によって検証しなければなりません。つまり、上で述べたような私たちの行いを

細部に至るまで人間学に照らし合わせていき、認識にまでもたらすという飽くなき追求をしていくことです。

言葉との正しいかかわり

最後の覆いとして挙げられるのは、言葉とのかかわりの中から生まれてくる覆いです。

遊びのときの言葉がけはなるべく少なくしましょう。たいてい、遊びのきっかけになる言葉や、遊びつづけるように促す言葉だけで十分です。大切なことは、その言葉が直接行為に導く言葉であることです。

あるとき二人の5歳児が診察室を組み立て、心をこめて準備しました。ところが、突然、その二人は私のところへやってくると、とても悲しそうに言いました。「だれも患者さんになってくれないの」ほかの子どもたちに、患者さんになるように促したり、自分自身が患者としてお医者さんのところへ行ったりする代わりに、私は自分の足を伸ばしてこう言いました。「さあ、ここに塗り薬を塗らなくては。ついでに包帯も持ってきて」

でも、子どもたちは、それだけでなく、水薬や錠剤や温かいお茶も持ってきました。すぐに、みんなの注意が病人の足に集まり、患者さんになる子がたくさん出てきて待合室は満員になりました。

もちろん、危ないことが起こりそうなときは言葉がけが必要です。たとえば机の上にイスが二つのっていて、それが急に机の端のところに移動したとき。もしくは、子どもたちがプールをつくって、さらに飛びこみ台をつくったときなどです。そのような場合には、いつでも、どうやってはいけないかではなく、どうやったらいいのかを、子どもたちに説明するほうが良いでしょう。後者の言葉がけが、子どもたちをさらに導いていくのに対し、はじめの言い方は、子どもたちを穴の前に立たせることになります。すべては子どもたちにゆだねられてしまい、自分で何か新しい考えを思いつかなければなりません。その瞬間、子どもは覆いがない状態になっています。これは、大人が、"禁止するときは、代わりに何かを与えること"という黄金の決まりに従おうと努めなかったことに起因しています。語気を強めて「もう、いい加減にしなさい！」と何度も言わなければならないということではないのです。

たとえば、言葉を言い間違えたり、アルファベットを取り違えたり、担任の先生をお母さんと呼んだりすることの矯正は、子どもを目覚めさせ、覆いを取り去ることになります。

また、あまりにはっきりしすぎた考えやイメージからは守らなければなりません。たとえば、あるお母さ

危険な積み上げでは、教師の注意深さが問われています。

んがちょうど5歳になったばかりの子どもの質問に対して、子どもがどうやってお母さんのおなかに宿るかということを"自然科学的"に正確に伝えました。その子たちにとっては、人間の魂が天から降りてきたことや守護天使が仲介者として働いていることなどを説明するぐらいで、さしあたり十分です。また、あるお父さんは真実を伝えなければいけないと考え、4歳の子どもに「サンタクロースは大人の男の人たちが変装しているんだよ」と言いました。

はっきりしすぎた概念、それとも真実に満ちたイメージ？

　第一・7年期の子どもたちが、はっきりしすぎた概念や鮮明なイメージを受け取らなければ受け取らないほど、眠りの中で魂的‐精神的な実体をよりつかみ取ることができる、つまり、よりイマジネーションに目を向けることができるということを、私たちはルドルフ・シュタイナーから学ぶことができます。「非常に多くの場合、子どもは眠りの状態の中から、精神的な実体を含んだ知識を本当に持ちこむことができるからです」と彼は述べています。[*13] このことは、歯が生え変わるころ、それまで身体を形づくっていた力が、そのことから解放され、眠りへ送りこまれるようになると終わりを告げます。「はっきりしすぎた考えは、子どもが眠

49

っているあいだに住みかとしている精神的な世界への眼差しをある程度弱めることになります」

　子どもに対して良い考えや答えが浮かんだけれど、決して自分の思いつきではない、と感じる恵まれた瞬間があります。ある6歳半の女の子が、クリスマスのお祭りのときに、私に訊いてきました。「羊飼いさんたちが苔(こけ)の野原の上を少しずつ歩いていっているのは、先生がやってるの？　それとも召使い？」*14 そこで、「いい、こんな秘密のことを話すときは、大きな声で言わないようにね」と答えました。しばらくしてまたやって来ると「胡桃(くるみ)の鎖も先生がつくってるの？」と訊きました。私は「これも同じような秘密よ」と答え、その子は心の底から満足すると、駆けだしていきました。しかし三度目にやって来ると、こう訊きました。「秘密の小かご*15 は先生がつくってるの？　それとも本当に召使いがやってるの？」今回は、違う答えをしなければなりませんでした。質問の中の特に強調された"本当に"の部分に対して大きな落胆を与えるわけにはいかなかったからです。そこで、私はこう答えました。「もちろんこれは召使いがやっているのよ。でも、いい、大人はみんな召使いになれるのよ。そして、子どもたちもみんな大きくなったら召使いになれるのよ」

　もし私たちが、子どもの質問に対して、答えがイメージの形になるように、日々の活動の中で誠実さが育まれるように答えることをより学んでいけば、覆いを生み出すことができ、子どもたちの生命力を保護することができます。

まとめ

　最後に、こう問いかけることができます。今回みなさんとお話したテーマとのかかわりの中で、子どものこれから先の人生全体の基礎として達成しなければならない課題は何でしょうか？

　私たちは、子どもの肉体という覆いを、誕生前に母体が守っていたように守り、育まなければなりません。たとえば「霊学の観点からの子どもの教育」という講演の中で述べられているように、肉体器官を形づくるという肉体のもつ課題を、どうすれば正しい方法で支えることができるか、について、ルドルフ・シュタイナーは再三言及しています。*16

　つまり、たとえば次のようなことです。「それまで、母体の力と体液が行ったことを、今度は外側の世界の力と要素が行わなければなりません。…肉体はこの期間にある形にまで形づくられなければならず、身体の各部分の比率はある決まった方向性と特徴をもたなけ

ればなりません。…これらの正しい物質的な環境は、子どもの肉体器官が正しい形に形づくられていくように働きかけます。…周りで実際に起こっていることを子どもは模倣します。そして、模倣する中で自分の肉体器官を、それから先に留まりつづける形へと形づくっていきます」"道徳的な話し方"や"理性的な教え方"ではなく、「大人が子どもの身のまわりで行う、実際に目に見える行為が子どもに正しく働きかけます。…子どもは教えこむことによって学ぶのではなく、模倣によって学ぶのです。そして、子どもの肉体器官は、身のまわりの環境の働きかけによって形づくられていきます。…もし、子どもが7歳までに、自分の周りで行われる愚かな行いだけを見つづけたとしたら、その子の脳は、それから先の人生で、愚かなことに適応していくような形に形成されてしまいます」

　おもちゃ、特に人形は、ファンタジーが力強く働く余地を残しておくように、つくりが簡単であることが大切です。「このファンタジーの力を使うことは、脳を形づくるように作用します」そのほか、例として挙げられているものに、二本の動く木の棒の上にそれぞれ

単純で自然のままのおもちゃ素材は
ファンタジーを多様に活気づけます。

人形は子どものファンタジーを発展させる
とても大切なおもちゃです。

一体ずつ人形が取りつけてあり、その棒を動かすことで人形が交互にハンマーを振り下ろすおもちゃや、絵本の中にそれぞれの人形の絵が取りつけられていて、糸を下から引くことで何かの動作をさせたり、移動させたりできるおもちゃなどがあります。ルドルフ・シュタイナーはこのことに関して、「これらのものは器官を内的に活性化させます。…これらのことから器官の正しい形が形成されていきます」と述べています。

　もしくは、教育者は子どもたちの中に健康的な欲求と願望が生まれるように心がけなければいけない、と述べられていたら、これは「喜びと意欲は、器官が正しい形に形成されていくように働きかける力となる」という意味合いをもっています。

　最後に、最初の導入のところで引用した言葉で締めくくりたいと思います。「肉体器官を形づくるように働く力の一つに、周りとのかかわりを含めた喜びの感情も含まれます。教育者の朗らかな表情、そして特に、誠実で、自発的な愛情を心がけます。周囲の空間に温かく流れているような愛情は、言葉通りの意味で肉体の器官の形を咲き開かせます」

　子どもにとっての「正しい物質的環境」として、ここで述べようとしたことは、すべて私たちによって手入れしなければならない空間で起きています。この空間は、主として私たちの行為、これまでに述べてきた肉体的、感情的、精神的な領域での温かみの覆いと結びついている行為によって、子どもが生まれたあとの正しい物質的環境に、つまり子どもの生命力のための覆いになるのです。

手本と模倣が
どのように意志を育てるか

　さて、意志の発達と意志の教育について、特に小学校に上がる前の子どもたちに関して考えていきたいと思います。その場合、模範となる大人に目を向けてみる必要があります。模範となる大人とは、全力を傾け、内面の確信と行為の確実さ、愛情に満ちたゆるぎない態度、喜びとユーモアなどをもつ人で、自分のもつファンタジーの力のすべてを駆使し、冷静沈着な態度で何度も果敢に挑戦する人のことです。その挑戦は、過渡期のほんのささいな瞬間に気づき、それに対処していくという教育の課題において特に行われます。

　まず、子どもの初期の発達段階について見ていかなければなりません。なぜなら、この時期のことが5歳から7歳までの年齢の子どもに大きな影響を与えているからです。

　生まれたばかりの子どもはどんな状態なのでしょうか。その時期の子どもは、とても開かれた存在で、周りからやってくるすべての物事に身をゆだねていることがわかります。まるで自分が一つの感覚器官である

小さな兄弟は愛情に満ちて受けとめられます。

かのようにふるまいます。感覚器官とは、自分をもたず、自分を通して、内から外へ、外から内へ出入りを自由に行わせる器官です。例として、目を取りあげてみましょう。目は自分をもたない無私の道具として、それを使ってものを見ようとする人に仕えます。見ようとする人は、人間の中で「意志的なもの」（ルドルフ・シュタイナー）です。生まれる前の世界から携え

てきた、子どもの本質のいちばん深いところから働きかけている精神的-魂的な存在に、肉体のすべては感覚器官として仕えます」*17

「人間の内側から生まれて成長し、それが人間の外面の姿にまで現れてくるように、生まれて最初の一年のあいだに、でたらめな手足の動き、周囲のものに吸いつけられたような眼差し、子どもの個性がまだ完全に現れていない表情から、子どもの中の精神的-魂的なものが日ごとに、週ごとに、月ごとに、そして一年をかけて現れ出てくる様を目の当たりにすることほど心を動かされることはありません」*18

つまり、私たちは二つの現象とかかわらなければなりません。

1. 子どもは感覚そのものである。
2. 子どもは意志そのものである。

子どもは意志を使い、感覚を通して世界を把握し、自分の中へ組みこんでいきます。これらの二つの現象の統合・相互作用は、子どもが生まれ出る前の世界から携えてきた模倣の力として現れます。模倣には、感覚を通して受け取る行為と、意志を使って再構築する行為の二つが含まれています。

ルドルフ・シュタイナーは、『子どもの教育』の中でこう述べています。「第一・7年期のあいだに、これまでに述べてきた教育の原理を正しく適用することで、健康で力強い意志の発達に必要な土台が築かれます。なぜなら、このような意志は完全な形に成長した肉体によって支えられるからです」*19

ご存知のように、幼児においては、それぞれの器官がまだ固有の形をもっておらず、自立した自分のリズムも出来上がっていません。いわば、幼児とはリズムをもたない存在だ、と考えることができます。

そこで「どのようにしてリズムが刻みこまれていくのか、それぞれの器官のリズムがどのようにして生まれ、一つの有機体としてどのようにリズムの相互作用が生まれるのか、また、どのようにして、整理され、方向性をもった意志の表現が生み出されるのか」という問いが生まれてきます。

それは特に、外界からの影響によってです！　たとえば、目覚め、眠り、食事時間などの反復される行為のリズムの中に子どもはどっぷりと浸かる必要があります。

感覚的-意志的存在として、子どもは、絶え間なく形づくられていく周りの環境に順応し、そのことで自分の器官を形づくり、意志を整えていくことを学びます。このことを実例を挙げて説明していきましょう。

幼児は周囲の環境から
意志を整えることを学ぶ

　3歳までの時期に少し目を向けてみましょう。立ち上がったり、歩いたり、話すことを学んだり、といった果てしなく意志を使う行為以外にも、子どもには自分の意志を無意識に鍛えるたくさんの方法があります。たとえば、ものをつかんだり放したり投げたり、スプーンを使ったり、カップを手に取って飲んだり、自分で服を着たり、また、買い物かごから物を取り出し食事の支度をしたりしながら、母親の家事の手伝いをしたりすることです。これらの行為を通して、器用さが鍛錬され、意志が整えられます。もはや手足をでたらめに振りまわすのではなく、目的をもって動かすようになります。しかし、あいだに考えを挟むことなしに、模倣、および日々の繰り返しから生まれる習慣だけから、子どもは、自分の生活空間の中でより確実に動くことを学びます。

　子どもの学びの一つひとつに愛情と喜びをもって寄り添おうとするならば、すでにこの年齢の子どもたちにも、絶対に愛情ある線引きが必要となってきます。子どもは単に模倣するだけでなく、ものを発見しに出かけます。たとえば、ランチョンマットの上にほうれん草を散らしたり、テーブルクロスやアイロンコードを引っ張ったり、不器用なためにカップをひっくり返したり、あるいは屑かごにぶつかって倒したりします。

とても注意深く熱心に、野菜を小さく切っています。

大人がそのことを笑って、子どもが今何をしようとしているか見るためにあとを付いてまわるだけであれば、本当に悪い習慣が身についてしまうでしょう。しかし、大人が出来事の先を読み、気をそらすためにファンタジーを駆使したりして、常に変わらない態度で接するならば、つまり安心感をもち、周りの世界をよく知っていれば、悪い習慣づけを回避することができます。常に大切なことは、その子ができるようになるまで、子どもがまだ自分自身で方向づけられない意志の力に方向性を与えてやることです。

最初のはっきりとした危機は、"私"と言うのと同時に"いやだ"を言いはじめる時期に訪れます。その子によって現れ方の強さのまちまちな〈我〉は、最初のうちこそ通すことを許されるものの、やがて周りの人たちが望んでいることと調和させることを次第に学んでいかなくてはなりません。もし、良い習慣が子どもの中に形づくられたなら、もし、日々の暮らしがリズムで満たされ、行為に確かさが生まれ、食事や食事の支度が丁寧さと良い食習慣で満たされたならば、それは子どもたちにとって、とても大きな恵みであり、とても役に立つものになります。

意志は目覚めていくファンタジーをつかむ

主に頭の器官を形づくる働きをしている生命力が、だいたい3歳くらいのころに、その仕事から解放されます。そしてその力は、身体の真ん中の器官領域からしだいに解放される形成力といっしょに働くようになります。そのことによって、成長と共に新たな能力が現れてきます。最初の幼いファンタジーと幼い記憶力が生まれます。それまで子どもの意志は、ほとんど母親が家事をする道具に向けられていましたが、しだいに目覚めたファンタジーが生まれ、同じものを使ってまったく違ったことをするようになります。ファンタジーをもつということは、目の前に存在しているものを通り越して、無限の可能性が生まれることです。ファンタジーの中の意志は、目の前にあるものが、そのように想像することが難しいものでも、内面の喜びと熟考と力を使って望むような形に変容させ、本来の使用目的と違ったものを新たに生み出すことができます。たとえば、靴にブラシをかけているときに、突然ブラシが船になったり飛行機になったりして、靴のあいだを動きまわりはじめます。あるお母さんが荷造りして余った紐をイスの背にかけていました。その子は紐の片方に木のしゃもじを結びつけ、反対のほうを持つと、

腰掛けの列車には
旅行者のための席がたくさんあります。

ゆっくり引き上げました。その子は、どうやらクレーンを思い出しているようでした。

　ファンタジーと同時に、記憶と思い出す行為も生まれてくる、と私たちは考えています。しかし、それまでに体験されたことしか思い出すことはできません。外的な特徴や何か似たところが目に入ると、ファンタジーは即座に過去に体験されたことを新たに生み出します。意志の力とは、想像したり思い出したりしたことを行為に置き換える力です。

　もちろん、ファンタジーを意志でつかんでいない子どもたちがいます。その子たちは、実際的でないことをさせられると混乱した行動をとりがちです。たとえば、走りまわったり、エンジン音のまねをしたり、知らない場所でもまったく物おじせずにふるまったり、

ものを壊したがったり、あるいは内面的にまったく不活発で、やる気がなく、動きたがらず、三輪車の車輪をただ回しつづけたりします。

　私たちは子どもたちを、調和のとれた行動をする子どもと、でたらめで意味のない行動をしたり、意志が抑圧されて萎えていたりする子どもとに区別します。その例を挙げてみましょう。自分たちの周りに布がたくさんあれば、"調和のとれた"子どもたちは、それを身体に巻いて、何かの扮装をしたり、家をつくったりします。不安定な子どもたちは、その布を床に投げ散らして、それで滑ったり、宙に投げ上げて花瓶を倒したりします。

　もし、意志が健康に発達していれば、3歳から5歳ぐらいの子どもは遊びの中で、遊びの道具を使って次から次に新しいことを思いつきます。4歳ぐらいの女の子が二人、余っているイス全部を二列に並べ、そこに人形を座らせ、自分たちもそこに腰掛けると「寝台列車だ！」と言いました。それから二列のイスをお互いに向かい合わせにし、片方の列に人形をのせて、「今度はおむつ台よ」と言いました。そのあとすぐに、イスを背合わせにして並べ、その上に大きな布地をかぶせて、人形劇の舞台をつくりました。背のない腰掛けは、まずオートバイ、次に人形の誕生祝いのテーブル、郵便ポストに変わり、最後には別の腰掛けをその上に積み重ねると、真ん中の持ち手の穴からトチの実をポトポトと落とし込みました。それはとても楽しそうでした。

5歳ごろに訪れる、意志とファンタジーの危機

　5歳ごろになると、多くの子どもたち、特にファンタジー豊かに行動する子どもたちに危機が訪れるのがはっきりわかります。子どもの内部で働いている形成力が、新陳代謝と手足の領域からもしだいに解放されていくことで、成長過程にさらに新たな変化が訪れます。そのことで徐々に目覚めてきたイメージと意志が結びつかなければなりません。つまり、意志は、新たな関係性を築かなければならないのです。

　そのためには少し時間が必要です。創造的な思いつきが少なくなり、意志が萎えたように見え、子どもは「何をしたらいいの」と尋ねたり、あるいは「つまらない」と言ったりします。そんなとき、私たちは、ファンタジーに働きかけてはいけません。そのときの子どもは禁猟期（そっとしておく期間）を必要としており、何もせずにそっとしておかなければなりません。その子たちには、大人の活動と関連した、内容がわかりやすい簡単な作業をさせることができます。

例として次のようなものが挙げられます。

- ハサミで切ったり、縫ったり、絵を描いたりして小さな絵本をつくること。
- 針入れをつくり、そこに針を刺して整理すること。
- 手早く彫られたペーパーナイフを紙やすりで磨くこと。
- 「お手伝いしてくれる？」と尋ねるのではなく、「お手伝だいしてちょうだい」とお願いすること。
- 紐、もしくはゴムを通すこと。
- 食器拭きや、掃き掃除をすること。
- 庭で薪を切ること。

　作業はすべて大人のそばでやらせなければいけません。大人の近くに居たがりますし、大人を必要としています。言葉で作業へ導くことはできたとしても、いまだに模倣の時期にいるからです。言葉がけは「しなきゃ」と言う気持ちにさせますが、行動は模倣するものに影響されます。

　かなり長い"作業時間"を経て、新たに遊びへの衝動が生まれます。頭の中に遊びのきっかけとなる、日々の生活の様子がイメージになって浮かんできます。たとえば床屋さん、担架のある病院、漁師のボート、お店、家庭、消防署、宇宙船などです。

意志はイメージ力と結びつく

　子どもを取り巻く環境とおもちゃは変わりませんが、それに対する子どものかかわり方が変わっているということを、よく考える必要があります。遊びへの衝動を実行に移すために、意志はイメージ力と結びつかなければなりません。それまで盛んに訓練してきたファンタジーの助けを借りて、意志はそこにあるものを頭の中にイメージしたものとして見たり、そういうイメージに変えたりします。この行為は鍵となるとても重要なことです。

　遊びのアイデアを実行に移すには、ファンタジー、忍耐、持久力、やる気が必要であり、困難を克服する覚悟も必要です。これらの事がらは、その中に意志が強く働いていて、行為をする中で整えられていきます。

　たとえば、5歳前の子が、肩に担いだ長い曲がった棒を見て、「ほら、ぼくは煙突掃除人だ」と言いました。5歳を過ぎた子どもであれば、まず煙突掃除人になるという考えをもち、そして、「それには穂先がこんなになった、これくらい長いほうきが要るんだ」と言います。子どもは捜しまわり、最後には、羽毛ぼうきに長い紐を結びつけ、さらにその紐を棒の先に結びつけることでつくってしまいます。

自分でつくった釣り舟に乗る6歳児

切り株を移動するには力が必要です！

　5歳前ならば、意志は、外側からの刺激を受けてファンタジーの中に浮かび上がったものをつかみ取ります。5歳を過ぎると、意志は内的な努力が必要になります。なぜなら、意志はイメージされた像とファンタジーとを目標をもって自分に結びつけなければならないからです。もちろんこのことは、これらの内的作業を行う機会を十分に見いだせる子どもにいえることです。これはとても大変なことで、心地よいものではありません。しかし目標が達成されたときは、深い満足感が訪れ、感激で歓声をあげてしまうことさえあります。

　もし子どもがそこまでの気持ちの高まりをもてないときは、意志は簡単に混乱してしまいます。そんなときは、子どもたちに、たとえば、やすりがけ、のこ挽き、釘打ちなど、単純で厳しく、筋肉をしっかり使う仕事をいっしょうけんめいさせたほうがいい、と私たちは考えています。これらの作業は、日常生活で必要とされたときにしかやることができません。注意深くて先を見通せる教育者ならば、一年の流れの中にその機会を十分に見いだします。たとえば

- 晩冬：のこぎりを使って、木から落ちてきた枝を庭で切ること。
- 夏：花壇の囲いを新しくすること。大きな石を動かさなければなりません。

木を切る6歳児

- 短い丸太に板を取りつけてロードローラーにして庭で遊ぶこと。
- スコップで庭の隅を掘り起こし、海や川をつくること。
- 鬼ごっこ、ボール遊び、車輪転がし、縄跳び。

しかし、子どもと教育者が作業や遊びにすっかり夢中になっているときでも、私たちが忘れてならないのは、筋肉を使うことによってだけでなく、特にこの年齢では内面で、つまり、生き生きとしたイメージを働かせることによっても、意志の力を鍛えていかなければならないということです。子どもがもし元気になっていけば、自分自身の内的なバランスを見いだすようになるでしょう。それに、子どもが暴れまわるよりは作業しているほうが良いでしょうし。

計画をもって遊ぶときの大人の手助け

　計画をもって遊びはじめた時期でも、子どもはしばしば大人の手助けを必要とします。大人には、内的に"傍観する姿勢"、相手の気持ちになれる能力、ファンタジー、内に秘めた熱意などが必要です。そのいくつかの実例を挙げてみましょう。6歳の男の子がサーカスの団長役で遊んでいました。彼はたくさんの子どもたちを布切れでいろんな動物に扮装させ、檻（おり）に入るように命令し、サーカス興行でどんなことをやるかを指示しました。みんなは、長い時間、満足して言うことを聞いていました。それから遊びが停滞し、いい思いつきがなくなってやる気をなくし、救いが必要となりました。私は「サーカスは終わりのようね。サーカス団員はみんなお茶の時間ね」と言いました。すると、そ

の子はこう答えました、「そうだよ、そのあとで荷物を全部片付けて別の町へ向かうんだ。ああ、ここにぼくの車があった。（テーブルとついたてを見て）ねぇほら、サーカスの車ってこんな丸い屋根でしょう」それはそれまで動物の檻だったテーブルで、私の作業台のすぐそばにありました。男の子はそれをさらに少し手直しすると、それから窓越しに私の机を見て「おや、もう国境まで来てしまった。これからよその国だ、いっぱい雪が積もっているかもしれない。だったら雪かきも必要だ」と言いました。

　その子はとても苦労して、車の前のところに木彫りのちりとりを取りつけ、後ろのところには、腰掛けを二段に積み、持ち手の穴からトチの実をポトポト落とす塩まき装置をつくりあげました。次の日も来るなり、この男の子はふたたび車（雪かきと塩まき装置のついていない）をつくり、「今度は機関車ができたぞ」と言いました。彼がテーブルとイスを使って客車をつなぐと、ほかの子どもたちも仲間に加わってきましたが、ちゃんとした遊びには発展しませんでした。私は、その遊びにふたたび参加すると言いました。「そうだ、あなたたち、荷物専用車両を持っていたわよね。荷物運びの人はすぐに私の荷物を運んでいいわよ。私は旅に出なくてはならないから。それにあなたたち、食堂車も持

お医者さんは幼い患者を誠実に診ています。そばには付き添いのお母さんがいます。

63

っているわよね。やはりお客は旅行中に何か食べないといけないからね」すぐにとても活発な作業が始まりました。子どもたちは手荷物（厚みのある木切れ）を取りにきて、積みこんだり、食堂車をつくって、中の調度類を整えたりしました。今回は私の仕事場を離れる必要はありませんでした。私もそれほどその遊びに組みこまれていたのです。私は食事のメニューをもらい、すばらしい料理をいただきましたが、だれも私が"本当の"食堂車に腰掛けていない、と文句を言う子はいませんでした。もちろん、それ以外にはまったく食堂車にいるかのようにふるまっていましたが。

　6歳になるもう一人の男の子は、友達といっしょにテーブルの下でキャンプをしようとしましたが、遊びにはなりませんでした。私は言いました、「キャンプには、料理をつくれるかまどが必要ね」「わかった、棒をもらってもいい？」「いいわよ、三本持ってらっしゃい」彼らは苦労して三本の棒を束ね三脚をつくり、その下に赤と黄色の布と木切れで火をつくり、そして三脚の中央上部に鍋として手提げかごをぶら下げました。さらに二本棒を借りて、二つのイスの背に置くと、布をその上にかけて広げ、テントが出来上がりました。その中に敷物とクッションと小さな腰掛けが持ちこまれました。この遊びは片付けの時間まで続き、彼らは、ま

ほかの子たちが釣竿（つりざお）の紐（ひも）の先に獲物（たいてい羊毛の羊や丸めたタオル）を床で結びつけてくれるのを、漁師は舟の上で我慢強く待っています。

ここでは、五人の男の子たちが、本物そっくりの
グループサウンズをつくりました。

だ十分に遊んでない！と、文句を言いました。

　幼稚園での最終年齢になると、もう一度遊びの危機が訪れることがあります。それは特に、小学校への入学面談の時期にやってきます。子どもたちは急に、自分が完全な幼稚園児ではないように感じはじめ、「ぼくたちは作業だけをやりたいんだ！」と言います。そうした子どもには、先生の作業に組み入れてあげて、しっかり手伝いをさせます。そのうちに、その子たちはふたたび遊びはじめます。

大人は"模範"として何に配慮すべきか

　さて、次のような問いが生まれるかもしれません。どの年齢であれ、ここで述べた遊びのように、意志の発達を可能にするような模範としての条件、および、一貫した態度とはどのようなものか、という問いです。

　「意志が完全な形に形成された器官に支えられなければならず」[20] その器官が外側から形づくられるとするならば、外側の世界であるその子の身のまわりを、い

ろんな意味での秩序、リズム、良い習慣、愛情あふれる一貫した態度などが支配していなければなりません。

秩序が生まれるように、大人は常に先を見通して考えなければなりません。そのことは、その人の行為に意味と秩序を与えます。何かを忘れたことで、行ったり来たりしなくなります。先を見通して考えることは、子どもがよくない意志の表現をしなくなるように働きかけます。

たとえば手を使わずに靴を脱いだり、ドアを乱暴に閉めたりする習慣が子どもにできていたら、大人は、その習慣が良くなるまで、その行為をする前に、ほんの少しのあいだ子どものそばについている必要があります。でも、そのあいだ、意識を向けるだけで十分です。

二つ目の手助けとして、大人が先に何かの行為をすることが挙げられます。子どもは登園してきたとき、私たちがすでに何か作業をしているにところに出くわします。まったく違った活動に向かっていくとしても、子どもの意志は模倣をしながらそこにある活動の空気に順応していきます。

三つ目の手助けは、特に特別な活動に関して、教師がそれを把握することで、一日の流れ、さらには一年の流れをリズムのある構成にしていき、単調になったり神経質になったりせずに規則正しく繰り返していく

模倣する行為は、それぞれの子どもの個性でとても異なります。

ことです。

このような条件やそのほかの条件が「正しい物質的な環境」[21]の重要な基礎の部分を形づくり、子どもたちはその環境の下で、自分の模倣の力を使うことで模範に合わせて意志を整え、目的をもって使うことを学びます。

模倣は、意志の行為である！
意志の行為こそ、自我の行為である！

意志こそ人間に備わる最も個的なものです。このことを、子どもたちがどのように模倣するかで見てみましょう。どの子にとっても模範となる存在はいっしょです。でも子どもたちの反応はそれぞれまったく違います。そのまま模倣する子から、ほとんど影響を受けない子までいます。模倣の中には最大の自由が存在するのです！　教師が自分自身に忠実に、つまり、必要な条件にそって仕事をすれば、どの子も、自分の意志の発達に必要な、無意識に探している事がらを見いだすでしょう。

5歳を過ぎて、したいことからしなければならないことへとゆっくり方向性が移り変わっているときでも、最良の条件は以下の通りです。

・良い習慣
・リズムをもって繰り返される活動
・お祭りの準備をし、お祭りを祝うこと
・愛情あふれる、一貫した態度

これらはすべて、特に発達する意志に働きかけます。大切なことは子どもたちに命令を与えたり、私たちが偶然に思いついたことをすぐに子どもたちに行わせたりすることではなく、それ以前の教育期間のあいだに培った大人との結びつきによって、子どもたちが、やるべきことを、"したい"と望むことです。

もし私たちが言葉を使ってイメージ力に働きかけることができたとしても、何をやるべきか、どうやらなければいけないかを言葉で説明できたとしても、また言葉で励ますことで子どもの持久力や忍耐力を高めることができたとしても、模倣がやはり最優先されます。

子どもは大人から"やるべきこと"を どのように見て取るのか？

幼稚園での全期間を通して、子どもがやるべきことをどのようにして模範から体験し、自分自身の成長に応じてどのように模倣できるのかを説明してみたいと思います。

子どもがやるべきことは、模範の中でいったいどのように現れているのでしょうか。それはたとえば、自分のやるべきことを認識し、好きなことをする時間をとりすぎない、ということに現れています。

・目的をもった仕事の中で：大人は長い時間仕事をしています。たとえばお祭りやバザーのために同

じものをたくさんつくったり、木彫りや刺繍のように長い時間作業をしつづけたりします。ここでは忍耐、持久力、注意深さ、苦労などが体験できます。子どもたちは興味をもって事の成り行きを追いかけます。

• "やるべきこと"は、私が心地よさや心地悪さを克服したとき、たとえば指ぬきをして縫い物をすることに慣れたときに体験できます。要するに、どんな仕事も喜んでやるように試みることで、体験できるようになるのです。

やるべきことにとって大きな手助けとなるのは、いわゆる"姿を変えた"模倣でもあります。つまり、状況が目に浮かぶような言葉で、ある人たちの仕事の様子などを子どもたちに語って聞かせてあげることです。子どもたちはそこからイメージをつくることができ、それを模倣しながら理解しようとして、行為に移そうとします。

すばらしい例は召使いルードヴィヒの話です。彼はいつでも客に仕えることが許され、客の必要なものを台所や地下室から取ってくることができました。でも、彼はドアの敷居のところまでしか来ることを許されず、"マダム"がそれを受け取ると客たちのもとへと持っていきました。この召使いルートヴィヒの話を聞いたあと、すぐに、一人の6歳の男の子がカップを子どもたちみんなに配るよう頼まれました。彼はお盆全体を見渡してから、中身の最もたくさん入っていそうなカップを見つけると、それを満足そうに自分の場所に置きました。彼の目と大人である私の目が合ったので、私はこう言いました、「ルードヴィヒだったら、そんなことはしなかったでしょう。だって、彼はまずほかの人のことをしてあげて、自分のことはいちばん後回しだったんだから」。「それって本当？」と男の子は尋ね、そのカップを手に取ると隣の子の席に置き、最後に残ったカップを自分用に取りました。

もう一つの例は刺繍師です。「刺繍師は、いつも最も美しい糸を選び出すと、それを針に通し、布の上を散歩させます。家や飛行機などの絵柄は刺繍しません」これは、はっきりとした一つの方向づけを与えます。

あるいは、次の文句——
「本当の仕立て屋は、朗らかな勇気をもち、
中指には指ぬきを差しています」

子どもたちがやりたがる義務には、小学生がやるようないくつかの活動が含まれ、子どもたちはいつも喜んでそれに取り組みます。義務は仕事そのものだけでなく（束縛のない申し出であることが重要です）、仕事の中でのさまざまな作業行程にも存在します。

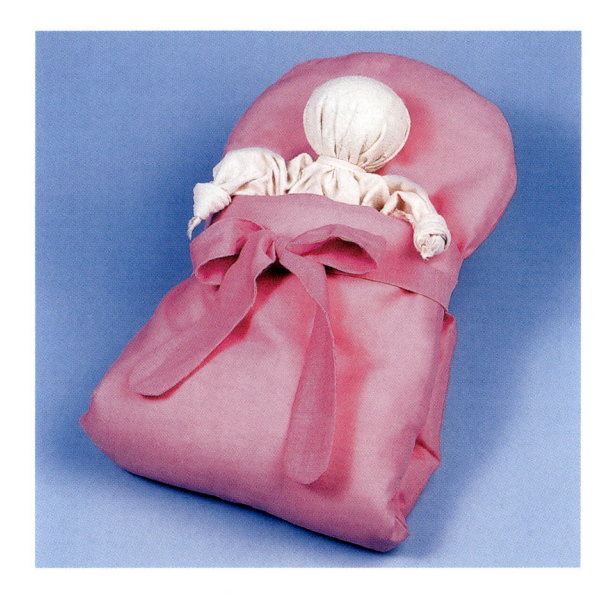

人形の子どもには、素敵なリボンのついたベッドをつくってあげてもいいでしょう。

　私たちの幼稚園では、子どもたちは簡単な結び人形をつくりますが、その際、私はヘドヴィック・ハウク『手仕事と工芸』の言葉から常に新たな刺激を受け取っています──「自分でリネンの布の端切れを結んでつくり、インクの染みで目などを描かれた道化人形が、子どもたちの中の天才を呼び覚ます」[*22]

　おくるみに刺繍が施されたあとに、人形の子どもが"誕生"し、それを持つ子どもの好みに合わせて、人形に十分な洋服が与えられます。

　注意の言葉に従うということも、子どもたちの義務のうちに入ります。ここでも言葉を通して立ち現れるイメージを行為に移すことを、子どもたちは学びます。5歳前の子どもなら、子どもをそこから引き離すことでその子の気をそらしたり、別のものへ向けさせたりすることができました。5歳以上では、はっきりとした境界線が言葉によってもたらされます。たとえば「ものを投げないようにしましょう。私はそれをいいことだとは思いません。だからそれをするのはやめましょう」などの言い方です。この年齢ですでに好まれはじめた、権威としての教育者のゆるぎない確信に満ちた力と確固とした態度がそこに示されています。でも、何かを禁止する代わりに、別の提案を与えることができるように根気強く試みていく態度も必要です。

　私が述べようとしたすべてに関して、ルドルフ・シュタイナーの次の言葉が方向性を与えてくれました。彼はこう言っています。歯の生え変わる前の生命が結びついているのは、「内的に発達した意志です。その意志は、この年齢の子どもにとっては、考える行為とかかわりがあるのではなく、子どもの前に立ち現れる形あるものを模倣することとかかわっています」[*23]

学齢期になって、やっと
意識的な意志の訓練が始まる

　小学校に入る年齢になると、意識的な意志の訓練が徐々に始まります。教師は、たとえば花の水やり、窓際の腰掛けの拭き掃除、黒板消しなどの仕事を子どもたちに振り分けます。もしやる気がなくなってもそれに打ち勝ちながら、これらの課題を一週間のあいだ毎日続けねばなりません。

　もちろん親や教師はそうした課題を意識の中に留めておかなければならず、子どもが忘れたときには、そのことを思い出させなければなりません。このような手助けは絶対に必要です。

　私は、幼稚園期の子どもに課題を規則的に振り分けるのは早すぎると考えています。（仕事の一覧をつくるよりも、だれに、今何をさせることができるかを常に意識しておくのは、はるかに困難なことです。）ここで述べているのは、基本的に大人たちによって行われる常に繰り返される仕事で、子どもたちもやることができる仕事のことです。たとえば、テーブルの支度をしたり、花瓶を配ったり、靴をきちんとそろえたり、郵便を配ったり、掃き掃除をしたりすることです。だれがやってもいっしょといえるようなことかもしれませ

朝食の準備にて

ん。子どもたちはいつもやって来ては、こう言います。「今日は〜をやってもいい？」「ねえ〜をしてあげようか？」「今日こそやってみたい、まだ全然やったことないんだから」

もし、子どもにお願いをしたときに、「やりたくないよ」もしくは、「やる気がしない」という答えが返ってきたあとで、別の子がかけて来て、「じゃ私がやってもいい？」と言ったとすると、この場合は、何が正しいかをすばやく考えなければなりません。その子にとって、このお願いは無理なことだったのだろうか？　それとも、努力しようとしていないのか？　もちろん、6歳児に与えた依頼を取り下げない場合もあります。それは、おとなしく言うことを聞かせるためにではなく、よく考えられたそれなりの理由がある場合です。

とても細やかな感性をもって子どもたちを、模倣から子どもたちが求め、愛する権威へと導いていかなければならないこのような局面や、そのほかたくさんの局面の中に、教育というものがいかに高度な芸術であるかということが見てとれます。そしてその場合、模倣にとっても、そのことでもたらされる意志の発達にとっても、模範を与える教育者の人格がいかに大きな意味をもつか、ということもわかってきます。

子どもたちは部屋の掃除を喜んで手伝います。

注釈

*1 フライヤ・ヤフケ　高橋弘子訳『親子で楽しむ手づくりおもちゃ』(地湧社)

*2 ルドルフ・シュタイナー　高橋巖訳『霊学の観点からの子どもの教育』(筑摩書房)

*3 同上

*4 一つのグループには平均的に3歳から7歳の男の子と女の子が20人ほどいます。

*5 フライヤ・ヤフケ『踊り歌おう：季節に応じたリズム遊び』(フェアラーグ・フライエスガイステスレーベン、シュツットガルト、2003年刊)

*6 フライヤ・ヤフケ『いっしょに遊ぼう：3〜6歳のグループ遊び』(フェアラーグ・フライエスガイステスレーベン、シュツットガルト、2000年刊)

*7 すでに参照に挙げた文献のほかに、特にルドルフ・シュタイナーの『精神科学的な人間理解の観点からの教育の実践』(全集 第306巻、ドルナッハ、1989年刊)の文章の中に、このことに関して詳しく書かれています。

*8 ルドルフ・シュタイナー (＊2参照)

*9 ルドルフ・シュタイナー『今日の精神生活と教育』(全集 第307巻、ドルナッハ、1986年刊) 1923年8月10日の講演

*10 ルドルフ・シュタイナー (＊7参照) 1923年4月16日の講演

*11 最近では、幼稚園は基本的に土曜日には閉まっています。そのため掃除はほかの曜日に行われています。

*12 ルドルフ・シュタイナー『精神研究の光の中でのメルヘンの詩作、精神研究の結果』(全集 第62巻、ドルナッハ、1988年刊) 参照

*13 ルドルフ・シュタイナー『人間の発生、世界の魂、世界の精神』(全集 第206巻、ドルナッハ、1991年刊) 1921年8月7日の講演

*14 私たちのところでは、"召使い"(サンタクロースの召使いを指す)が、アドベント(降臨節)の期間に起きる不思議なことを引き起こしています。

*15 "小かご"は、サンタクロースが私たちに持ってきてくれるものです。決められた場所に蓋をしておかれ、その中には、自然の中で見つかる小さなものが、毎日何か一つ入っています。子どもたちはそれぞれが陶器のお皿の中につくられた苔の庭を持っていて、それを使い、その庭を飾ります。それは、どんぐりの蓋だったり、貝殻だったり、麦の穂だったり、木にするための小枝だったりします。

*16 ＊2参照、著者による強調。これらのルドルフ・シュタイナーの言葉は、『瞑想的な研究方法』からの引用。

*17 幼児期の子どもの成長をつぶさに研究することで、親から受け継いだ身体とは違う、独自に形成された意志としての"自我"をどのようにして見いだすことが

写真の出典

できるかについて、エルンスト・ミヒャエル・クラーニッヒは「子どもと若者の成長期における自我」という寄稿論文(シュテファン・レーバー『今日のシュタイナー学校』シュツットガルト、2001年刊、63ページ)の中で述べています。

＊18 ルドルフ・シュタイナー『教授法と教育の生活条件』（全集 第308巻、ドルナッハ、1986年刊）第2講演
＊19 ルドルフ・シュタイナー（＊2参照）
＊20 同上
＊21 同上
＊22 ヘドヴィック・ハウク『手仕事と工芸』（シュツットゥガルト、1993年刊）
＊23 ルドルフ・シュタイナー（＊7参照）第5講演

クリステル・ドーム　　P.10
シャロッテ・フィッシャー　　P.16, 22, 27, 28, 30, 33, 36, 39, 41, 42, 44, 46, 49, 51, 59, 61, 65, 66, 70
ファミリー・ファン・デン・ホイフェル　　P.53
エダ・ヤフケ　　P.12
フライヤ・ヤフケ　　P.13, 14, 15, 17, 19, 21, 25, 31, 37, 38, 43, 57, 60, 62, 64, 71
クリスティアン・フォン・ケーニゲスロウ　　P.26, 63
ビルギット・シャウプ　　P.9
アンゲリカ・シュベートナー　　P.55
ヴァルトラウト・シュテーレ　　P.11
ヴォルパート＆シュテーレ、フォトデザイン　　P.24, 52, 69

監訳者あとがき

　現代はなんと幼児を育てることが難しくなってきていることでしょう。増えつづける凶悪犯罪の低年齢化、いっこうに減らないひきこもりや登校拒否、そしてついには仕事をしようとしないニートという言葉も出現しています。でも、そうした心配を払拭してくれるのが、本書です。長いこと待たれていたこの美しい本が、やっと日本語で日の目を見ることになりました。

　たとえ社会がどんなにＩＴ化されようと、情報の洪水にあふれようと、人間の子どもは人間の子ども、その発達の原理は昔も今も変わりません。その対応の仕方さえ知っていれば、そして幼児に必要な、幼児を保護し、自ら成長できる「覆い」のつくり方さえ知っていれば、大丈夫なのです。日本にも普及してきたシュタイナー幼稚園の幼児たちは、昔ながらの子どものように喜びと元気に満ちて、親切で優しいといわれますが、ここにその秘密があるのです。

　ルドルフ・シュタイナーは、人間の個体は人類がたどってきた通り、太古の古代人の意識から始まって次第に中世、ルネッサンス、そして現代に至る発達をたどるのだといいます。幼児はまだ古代人、中世人であり、その頃はもちろんテレビもゲームもありません。ゆったりとした時間の流れのなかで、大人たちは秩序とリズムのある形でそれぞれの仕事をしていたのです。7歳までは徹頭徹尾、活動する大人のお手本が大切であり、子どもは身の回りにいる大好きな大人を真似して、自由に遊び、ファンタジーを駆使していきます。

　シュタイナーは、幼児期にたくさんよく真似できた人ほど、大人になって自由な人間になるといいます。自分の感覚でとらえた大人の姿を自分なりに真似て自己表現していくとき、感情だけでなく、意志の力と思考力も発達するのです。知ではない感覚体験は、自分の内面世界と外なる世界の架け橋であり、心と社会性を育てていきます。

　本書は、子どもが成長していくための大切なメッセージを豊富な実例とともに伝える、まさしく希望の書といえましょう。

高橋弘子

《著者紹介》
フライヤ・ヤフケ（Freya Jaffke）
1937年ドイツ生まれ。ロイトリンゲンのシュタイナー幼稚園で保育に30年間たずさわる。71年より、シュトゥットガルトのシュタイナー幼稚園教員養成所の講師も兼任。90年より、世界中のシュタイナー教育教員養成ゼミナールでゲスト講師としての指導に専従。主な著書に『親子で楽しむ手づくりおもちゃ』（地湧社）など。

《監訳者紹介》
高橋弘子（たかはし ひろこ）
東京生まれ。慶應義塾大学文学部卒業。ミュンヘン大学、シュトゥットガルト・キリスト者共同体プリースター・ゼミナールに学ぶ。1971年、ルドルフ・シュタイナー研究所を設立。77年より、那須みふじ幼稚園にて幼児教育に従事。2007年まで同園園長。主な訳書に『親子で楽しむ手づくりおもちゃ』『七歳までの人間教育』、著書に『日本のシュタイナー幼稚園』など。

《訳者紹介》
井手芳弘（いで よしひろ）
1956年生まれ。中学校教師として勤務の後、ドイツに留学。シュトゥットガルトのシュタイナー教育教員養成所にて、クラス担任コースと理科教員の養成コースを修了。現在、福岡を拠点に子どもや大人の水彩および手作り教室、親向けのシュタイナー教育学習会などの講師を務める。らせん教室講師、玩具店ペロル経営。

シュタイナー幼稚園の遊びと手仕事
生きる力を育む7歳までの教育

2009年4月10日　初版発行
2020年10月1日　2刷発行

著　　者　フライヤ・ヤフケ

監訳者　高　橋　弘　子　©HirokoTakahashi 2009

訳　　者　井　手　芳　弘　©Yoshihiro Ide 2009

発行者　植　松　明　子

発行所　株式会社　地　湧　社
　　　　東京都台東区谷中7丁目5-16-11（〒110-0001）
　　　　電話番号・03-5842-1262　ファクス番号・03-5842-1263

装　幀　塚本やすし

印　刷　壮光舎印刷

製　本　カナメブックス

万一乱丁または落丁の場合は、お手数ですが小社までお送りください。
送料小社負担にて、お取り替えいたします。
ISBN978-4-88503-202-8　C0037

地湧社の本

親子で楽しむ手づくりおもちゃ
シュタイナー幼稚園の教材集から

フライヤ・ヤフケ著　高橋弘子訳／A5変型上製

シュタイナー教育の実践経験に基づいたテキストの邦訳版。幼稚園期の子どもに大切なおもちゃとは何か。布やひも、羊毛、木や砂などの天然素材を用いた人形や衣装、積み木などの作り方を解説。

水と遊ぶ　空気と遊ぶ
シュタイナー学校の自然遊びシリーズⅠ

ヴァルター・クラウル著　高橋弘子訳／A5判上製

水と空気を利用した遊びに使える簡単な遊具から少し手のこんだ遊具まで、イラストをまじえて作り方を紹介。どの遊具も水と空気という自然の要素（エレメント）に私たちを誘い込んでくれる。

大地と遊ぶ　火と遊ぶ
シュタイナー学校の自然遊びシリーズⅡ

ヴァルター・クラウル著　高橋弘子訳／A5判上製

子どもたちがどんな遊具を用いてどう遊んで育ったかは、その子どもの人生にとって大切なこと。シリーズⅡの本書は、大地（土・重力）や火を利用した遊びのアイディアと遊具の作り方を紹介する。

とらおおかみ
子どもらの心が生んだ物語

川手鷹彦著／四六判上製

母と子のための物語集と物語論。語り部で治療教育家でもある著者が、子どもたちと創った12のお話や、物語の魅力や魔法について、豊かな感性とユーモア、子どもへの深い慈しみとともに綴る。

自然が正しい

モーリス・メセゲ著　グロッセ世津子訳／四六判上製

フランスの植物療法の大家で、多くの著名人の治療も手がけた著者が、自然と人間のつきあい方や、"食の安全と確保、健康、環境"という今日的問題を明快に綴る。ハーブの効能やレシピも満載。

自然流育児のすすめ〈新装改訂版〉
真弓定夫著／四六判並製

小児科医からのアドバイス1

投薬や注射をせずに子どもの体に自然を取り戻す方法をアドバイスするユニークな小児科医が語る心身共に健康な子どもを育てる秘訣。自然流子育てのバイブルとして30年以上のロングセラー。

自然流生活のすすめ〈新装改訂版〉
真弓定夫著／四六判並製

小児科医からのアドバイス2

子どもが育つ自然環境を整えるには、まず日常的に関わっている自然＝水、空気、火、土とうまくつきあっていくこと。小児科医として豊かな経験を持つ著者が、健康生活へのカギを具体的に語る。

自然流食育のすすめ
真弓定夫著／四六判並製

小児科医からのアドバイス3

小児成人病やアレルギー疾患の増えている今、子どもに何をどう食べさせるか。日本の風土や古くからの食文化の知恵を取り入れながら、小さい時から身につけたい食べ方の原則をアドバイスする。

わらのごはん
船越康弘・船越かおり著／B5判並製

自然食料理で人気の民宿わらの玄米穀菜食を中心とした「重ね煮」レシピ集。オールカラーの美しい写真とわかりやすい作り方に心温まるメッセージを添えて、真に豊かな食のあり方を提案する。

癒しのホメオパシー
渡辺順二著／四六判上製

ホメオパシーは、代替医療のエース的存在としてヨーロッパを中心に世界中で注目されている同種療法である。その基礎と真髄をわかりやすく語った、日本人医師によるはじめての本格的な解説書。